六模
LIUMO

统编教材小学古诗文教学新范式
TONGBIAN JIAOCAI XIAOXUE GUSHIWEN JIAOXUE XIN FANSHI

郑先猛 施燕璟 著

苏州大学出版社
Soochow University Press

图书在版编目(CIP)数据

六模：统编教材小学古诗文教学新范式 / 郑先猛，施燕璟著. -- 苏州：苏州大学出版社，2025.3
ISBN 978-7-5672-4650-8

Ⅰ.①六… Ⅱ.①郑… ②施… Ⅲ.①古典诗歌-中国-教学研究-小学②文言文-教学研究-小学 Ⅳ.①G623.202

中国国家版本馆 CIP 数据核字(2024)第 006976 号

书　　名	六模：统编教材小学古诗文教学新范式
	LIUMO：TONGBIAN JIAOCAI XIAOXUE GUSHIWEN JIAOXUE XIN FANSHI
著　　者	郑先猛　施燕璟
策划编辑	刘　海
责任编辑	刘　海
出版发行	苏州大学出版社(Soochow University Press)
社　　址	苏州市十梓街1号　邮编：215006
印　　刷	镇江文苑制版印刷有限责任公司
网　　址	http://www.sudapress.com
E-mail	Liuwang@suda.edu.cn　QQ：64826224
邮购热线	0512-67480030
销售热线	0512-67481020
开　　本	718 mm×1 000 mm　1/16　印张：13.25　字数：231 千
版　　次	2025 年 3 月第 1 版
印　　次	2025 年 3 月第 1 次印刷
书　　号	ISBN 978-7-5672-4650-8
定　　价	68.00 元

图书若有印装错误，本社负责调换
苏州大学出版社营销部　电话：0512-67481020
苏州大学出版社邮箱　sdcbs@suda.edu.cn

"六模"，组块教学再添馨香！

苏州市教育科学研究院小学语文教研员许红琴老师转托我为本书作序，我应允后，本书作者之一、苏州高新区实验小学教育集团施燕璟总校长也通过微信邀请我作序。记得2023年11月，本书的第一作者、苏州高新区白马涧小学的郑先猛老师就拿着书稿和我进行了深入交流。我的第一感觉是这本书有意思，"六模"古诗文教学让我印象深刻，我也给了先猛老师一些建议，今日再读文稿又添几分欣慰。

施校长和我年龄相仿，我们相识多年。2017年，她当时所在的枫桥中心小学加入了组块教学联盟实验学校，她第一时间就向我推荐了先猛老师。当时先猛老师刚刚代表苏州参加江苏省第十八届青年教师优课评比获得特等奖，后来在组块教学联盟赛课中，他执教古诗《六月二十七日望湖楼醉书》又获得了一等奖。先猛老师负责学校里的组块教学实验工作，在每年的组块教学联盟活动中，我都能看到他的身影，我们也慢慢熟悉起来，知道他对古诗文教学颇为喜爱。

"六模"是一个新名词，也是一个让我心动的术语。"六模"是指小学古诗文课堂教学中的六个模块，是本书作者及其研究团队在前人理论经验和自我实践探究的基础上加以整合、提炼，并进行适当创新而成的通识性教学策略。"六模"源于组块教学思想，是该思想在古诗文教学中的延展与新运用。

两位作者在统编教材全面使用之际，敏锐地捕捉到了统编教材中古诗文篇幅大量增加这一现象，针对一线教师古诗文教学理念和方法陈旧的痛点，在组块教学理念下创造性地提出了"六模"古诗文教学范式。在该范式下，造境、通言、品语、想象、悟情、诵记六个模块既各自独立，又相辅相成，六个模块的组合构成了古诗文课堂学习任务群，每个模块的横向延展构成教学板块，即"横连"；纵向推进模块联结形成课堂架构，即"纵进"，而纵进即课堂上的线型教学流程。这个新颖的研究视角被成功立项为江苏省教育科学"十三五"重点规划课题。几年来，在两位作者（课题主持人）的带领下，团队伙伴共研共进，走深走实，课题研究也结出了硕果，今天这本分量厚重的专著《六模：统编教材小学古诗文教学新范式》是他们汗水与智慧的结晶，我为他们高兴，也为他们的成果点赞。

细读这本著作，我的脑海里闪现着这几个关键词："言"之有理；"行"之有据；"学"之有法；"心"有情怀。

"言"之有理。这本著作观点鲜明，逻辑架构也非常清楚，就是谈统编教材中古诗文如何用"六模"进行教学建构。全书分三个部分。第一部分从"六模"概念的内涵、产生背景、价值与效用三方面加以论述。第二部分论述"六模"教学的具化策略，这两个部分让读者明白了"六模"是何、为何、何为。第三部分是"六模"古诗文教学在实践过程中的典型课例，作者进行点评解析，一目了然。

"行"之有据。"六模"古诗文教学的范式不是凭空想象出来的，而是作者在实践和研究中对新教材、新课标、新挑战的有效整合与突破。组块教学思想衍生出六个模块——造境、通言、品语、想象、悟情、诵记，这既是古诗文课堂教学的六个要素，也是语文课程标准对学生古诗文学习能力和素养的要求。作者通过梳理发现，"六模"古诗文教学与"学习任务群"的核心要义及相关论述中的主流观点有共融相通之处。新课标中"语文学习任务群"的论述是古诗文学习任务群设计的依据和基础，"六模"是古诗文学习任务群设计的主线、载体和要素。

"学"之有法。这也是这本著作的价值体现。这本著作实操性强，很接地气，易于上手，一线语文教师可学、可用。通读著作后，脑海中古诗文教学的核心要点、教学流程的设计建构都会更清晰，古诗文教学就有抓手、有方法、有实效。

"心"有情怀。两位作者都在小学语文一线教学多年，勤于耕耘，笃行不息，他们热爱语文，热爱教学，心中装着学生，装着对教育的责任，也装着许许多多的一线教师，想一线教师之所想，做一线教师所未做，用永恒葆有的教育初心领着一线教师走向语文教学的广阔天地。这本著作便是他们"心"有情怀的最好诠释。

谢谢施校长和先猛老师，你们的情怀与执着让我感动，你们的实践与研究让组块教学理念开枝散叶，在古诗文教学领域更上层楼。"六模"为组块教学又添一份馨香，我欣然执笔，是为序。

国家级语文特级教师、组块教学创始人　薛法根

2023 年 12 月 10 日

目 录

理论阐述

第一节　"六模"概念的定义与内涵 …………………………… 003
　　一、"六模"概念的定义 ………………………………………… 003
　　二、"六模"概念的内涵 ………………………………………… 003
第二节　"六模"教学产生的背景 ………………………………… 004
　　一、"六模"教学是深度学习之策 ……………………………… 005
　　二、"六模"教学是语文思维之策 ……………………………… 005
　　三、"六模"教学是教学现状之需 ……………………………… 005
　　四、"六模"教学是课程标准之需 ……………………………… 006
　　五、"六模"教学是组块教学的延展运用 ……………………… 007
第三节　"六模"教学的价值与效用 ……………………………… 007
　　一、"六模"教学的价值 ………………………………………… 007
　　二、"六模"教学的效用 ………………………………………… 008

"六模"教学的具化策略

第一节　"六模"教学的具化策略 ………………………………… 011
　　一、"造境"有方，模块互融巧渗透 …………………………… 011
　　二、"通言"有法，辞义畅达有生趣 …………………………… 019
　　三、"品语"诗酒，语音、语用、语文化 ……………………… 024
　　四、"想象"有为，诗画相生促情智 …………………………… 035
　　五、"悟情"溯源，文章本是有情物 …………………………… 040

六、诵记贯穿，吟哦涵泳有感情 …………………………………… 042
第二节　"六模"融通任务群 ……………………………………………… 054
　　一、"新课标"里的"六模"因子 ………………………………… 054
　　二、学习任务群中古诗文的类属 ………………………………… 056
　　三、学习任务群与"六模"的融通 ……………………………… 058
第三节　"六模"导学小古文 ……………………………………………… 078
　　一、图片造境，辨"器"趣起 …………………………………… 080
　　二、通言诵记，层"读"趣承 …………………………………… 081
　　三、品言析语，对比趣转 ………………………………………… 083
　　四、想象补白，创"讲"趣合 …………………………………… 085
第四节　"六模""老"诗出"新"味 …………………………………… 087
　　一、造境与想象：图片渲染情境点引诗歌之旅 ……………… 087
　　二、记诵与品语：方法催化朗读妙有入境 …………………… 087
　　三、通言与悟情：诗眼统领全诗思乡情浓 …………………… 088

"六模"教学课例及评析

诗画江南　乐府新唱
　　——一年级上册第五单元第二课《江南》的教学设计 …………… 093
有情、有境、有味，游览祖国好河山
　　——二年级上册第八课《古诗二首》第一课时教学设计 ………… 098
踏上神奇想象之旅
　　——二年级上册第十九课《古诗二首》第二课时教学设计 ……… 104
春景诗，这里"读"好！
　　——二年级下册第一课《古诗二首》第一课时教学设计 ………… 110
万物皆可爱，美在春光里
　　——二年级下册第一课《古诗二首》第二课时教学设计 ………… 115
自古逢秋诗情浓
　　——三年级上册第四课《古诗三首》第一课时教学设计 ………… 121
我言秋日几多意
　　——三年级上册第四课《古诗三首》第二课时教学设计 ………… 127

根植文化，读活、读厚
　　——三年级下册第九课《古诗三首》第一课时教学设计………… 135
深耕文化，读精、读细
　　——三年级下册第九课《古诗三首》第二课时教学设计………… 141
品语话田园　对比悟诗情
　　——四年级下册第一课《古诗词三首》第一课时教学设计……… 149
造境悟情，寻味百年"孤独"
　　——五年级上册第二十一课《古诗词三首》第一课时教学设计
　　…………………………………………………………………… 153
唤醒童心，探寻宋诗中的童趣生活
　　——五年级下册第一课《古诗三首》第一课时教学设计………… 159
走进儿童，采撷宋诗中的童年"趣果"
　　——五年级下册第一课《古诗三首》第二课时教学设计………… 163
炼字品语：诗行里的爱国情
　　——五年级下册第九课《古诗三首》第一课时教学设计………… 171
想象如画　品言析语
　　——六年级上册第十八课《古诗三首》第二课时教学设计……… 177
览物而生情，托物而言志
　　——六年级下册第十课《古诗三首》第一课时教学设计………… 184
咏物诗里的文格和人格
　　——六年级下册第十课《古诗三首》第二课时教学设计………… 191

主要参考文献……………………………………………………… 198
后记………………………………………………………………… 200

理 论 阐 述

古诗文历经岁月长河的洗礼，蕴藏着优秀传统文化的精髓和丰富的人文内涵，对学生的精神品质有着重要的影响。古诗文包括古诗词和文言文，是极为重要的教学文本，也是学生接触较多的文学样式。小学是学生阅读启蒙的黄金时期，此时学生尚未完全形成独立阅读和思考古诗文的能力。如果教师不能采取恰当的方式对学生进行引导，久而久之，学生就会丧失学习古诗文的热情，甚至觉得古诗文"死气沉沉""毫无生机"，从而影响对古诗文的学习。

统编小学语文教材在选材上进行了重构，古诗文篇目大幅增加。对小学生而言，古诗文生涩难懂，与学生的日常生活也有一定的距离，古诗文的有效教学面临着巨大的挑战。目前古诗文教学缺少理论指引，缺少可参考、可操作的教学模式。基于此，"六模"导引古诗文教学范式应运而生。以"六模"为导引，打破固有旧模式、旧思维，让古诗文的教学有章可循、有法可学，学习任务群模块"横连纵进"成为统编教材小学古诗文教学的新范式。

第一节　"六模"概念的定义与内涵

一、"六模"概念的定义

"六模"，即统编小学语文教材中古诗文教学的六个模块：造境、通言、品语、想象、悟情、诵记。

二、"六模"概念的内涵

"六模"之六个具体模块的定义如下。

造境：营造情境。教师通过图片、音乐等媒介，设计适当的问题，用语言描述等方式为古诗文教学的引入和重难点的突破创设情境。

通言：疏通（理解）古诗文大意。通过学习课文注释、查阅字词典、联系生活实际、观看课文插图等有效手段帮助学生感知古诗文大意。

品语：品味语言。古诗文语言凝练含蓄，精致优美，需慢慢品析，用心咀嚼，教师引导学生通过诵读感知古诗文的韵律节奏，比较辨析古诗文的语义语用，探究欣赏古诗文的修辞结构，在言语的思辨中感受古诗文的语言之美。

想象：想象是课程标准对古诗文教学的要求之一。"象"有虚实之分，诗人把自己的"意"（情志）赋在"象"中，"象"的内蕴丰富多维。小学生在古诗文学习中打开思路，点燃思维，放飞想象，既是知识的积累，也是能力的提升。

悟情：体悟情感。每一首诗、每一篇文章都蕴涵着作者浓郁的情感，教师借助教学支架，帮助学生与作者合拍，体悟心境，濡染情感。

诵记：朗诵记忆。古诗文的背诵（记忆）是学习要求，朗诵既是学习古诗文的有效策略，更是必不可少的教学目标。

上述六个模块是在深度学习和核心素养的基本要求下，结合统编教材中古诗文的组编特点提炼形成的。六大模块既独立存在，逐层推进，又互为补充，渗透融合，形成整体。六个模块的组合构成了古诗文课堂学习任务群，每一个模块的横向延展构成教学板块，即"横连"；每一个模块的纵向推进联结形成课堂架构，即"纵进"。（图1）

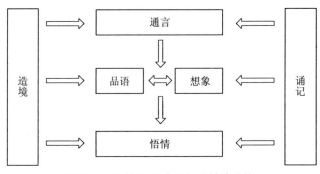

图1　"六模"古诗文教学模块建构

第二节　"六模"教学产生的背景

2019年，全国统一使用教育部统编教材。统编教材对优秀传统文化格外重视，古诗文的比重大大增加，小学一年级开始就有古诗，三年级开始学习文言文。小学6个年级12册语文教材共选有古诗、文言文128篇（首），占课文总数的30%左右。在此背景下，"六模"教学作为一种有效的教学策略，适切了教学实践之需。

一、"六模"教学是深度学习之策

深度学习是促进学生高阶思维发展的重要学习方式。建构主义学习理论对深度学习进行了充分且有力的解释和说明。建构主义的知识观认为,存在的知识是对现实的解释和假设,随着生活情景的变化,知识也在不断更新。建构主义理论着眼于在现实情境中探索知识的本质。在现实情境中,通过深度学习,学生可以更好地联系起新旧知识,从而提高运用知识解决问题的能力。深度学习注重知识的迁移和联想,关注复杂的学习环境和真实情境,注重情境知识的生成和发展,促进学生形成对知识的整体理解,并能够运用知识解决不同情境下的问题。

二、"六模"教学是语文思维之策

在语文学习中,学生是学习的主人,在教师的引导下积极参与学习活动,主动理解知识,促进自身的全面发展。深度学习恰当地处理了师生关系,强调学生理解的自主性和主体性,在以学生为主体的同时注重教师的主导作用,很好地体现了建构主义的学生观。以建构主义的学生观为基础,"六模"教学强调学生自主建构知识体系,激活原有知识,思考新旧知识(调动知识积累与新知)之间的关联性,加强知识之间的相互影响、相互迁移,注重高阶思维的发展,目标是使学生形成合理的认知结构。建构"六模"古诗文教学模块,有助于学生的语文思维向着纵深处不断发展并走向高阶思维,突破古诗文教学仅仅是"在古诗文表面滑行"的困局,激发学生的学习兴趣,促使学生提升言语品质,拓展思维空间,发展想象能力、迁移能力等,全面提高学生的语文素养。

三、"六模"教学是教学现状之需

古诗文对小学生的语感培养、情感体验、审美发展和文化传承影响深远。然而,小学古诗文教学仍存在实践浅层化的不足,大多数教师对古诗文的解读不够深入,只注重文本本身,忽视了运用多种课程资源解读文本,导致古诗文教学内容单薄。在教学方法上,不少教师以讲解古诗文的内容为主,注重对字词的讲解,割裂了古诗文的整体性。在教学目标上,不少教师只注重古诗文背诵,诵读不足,学生以机械记忆的方式积累知识,不能很好地把握古诗文的内涵和情感。重庆第二师范学院教师教育学院任运昌教授将此总结为:"小学古诗文教学质量不高的原因很多。其中,最主要的有两点:一是观念问题;二是方法问题。"目前小学古诗文的教学模式化现象严重,"知诗人,解诗题,明诗意,悟诗情"成为许多一线教师千年不变的教学路径与框架。不少教师只做足两块教学内容,即翻译诗句和背诵诗文,其他内容则一带而过,导致学生除了生硬的理解记忆,就是茫然的死记硬背。上述这些做法重在积累,尽管也能让学生了解古诗文大意,但缺少对古诗文情感意蕴的深层次感受和领悟。

近些年,部分小学语文特级教师展示了一些古诗文教学课例,他们在教学中能抓住古诗文的美学特点,较好地揭示古诗文的本色,诗文大意和诗情兼顾。有的教师还在对中高年级学生渗透"意象"上做了尝试,给小学古诗文教学增添了新气象。但是这些古诗文教学课例带有极强的个人教学风格,一线教师虽拍手叫好,却无从学起。较长时期以来,小学古诗文教学或者失落了语文的本体,或者迷失了古诗文的本色,对学生的古诗文学习思维训练不够,学生缺少深度参与的学习、深度表达的学习、文本深度触碰的学习,不少教师教学年段不分、类型不分、模式僵化,缺少科学合理的教学策略,不同程度地背离了语文课程的基本性质和宗旨。

四、"六模"教学是课程标准之需

语文教学应该是开放而富有创新活力的,既要利用丰富的生活资源,也要融入学生的主观创造,促使学生变被动的文本接受者为主动的文本创造者、享受者。成尚荣先生提出,教学改革绝不能止于有效教学,教学的根本性变革在于以学生的学习为核心,是"让学"。《义务教育语文课程标准(2022年版)》指出:"语文课程还应通过优秀文化的熏陶感染,促进学生和谐地发展,使他们提高思想道德修养和审美情趣,逐步形成良好的个性和健全的人格""要继承和发扬中华优秀文化传统。"

以"六模"教学为依托,顺应基于核心素养的教育教学改革发展趋势,在研究的基础上初步建构具有统编教材小学古诗文教学特点的深度学习课堂策略,建构有效的学习任务群,适切了课程标准之需。小学古诗文教学贵在参与,重在思考,妙在引领,巧在拓展,旨在通过多种有效途径让时代久远的古诗文真正"活"起来,让学生真正"发展"起来,让教学真正"高效"起来,最终走向"让学",让学生成为学习的核心。

五、"六模"教学是组块教学的延展运用

组块教学是语文特级教师薛法根多年小学语文教学智慧的结晶。小学语文组块教学以发展儿童的言语智能为"独当之任",基于组块原理,将零散的教学内容整合设计成有序的实践板块,引导儿童通过选择性学习和自主性建构,获得言语智能的充分发展和语文素养的整体提升;并建构具有组块特色的语文课程,实现语文教学的科学化。组块教学从文本教学的核心价值出发,发掘并选取适合学生学习的教学内容,根据内容之间的内在联系,整合成适宜的教学内容板块,将教学内容板块设计成切合学生的学习活动板块,力求每项活动都能实现多方面的教学目标、完成多个教学内容。作为组块教学的延展和运用,"六模"古诗文教学聚焦小学统编教材中的古诗文,结合课程标准中古诗文的教学要求,用组块理念设计小学古诗文教学。

第三节 "六模"教学的价值与效用

"六模"教学在秉承前人合理做法的基础上,按照核心素养的基本要求,根据统编小学语文教材中古诗文的特点,对古诗文课堂教学进行科学建构,在造境、通言、品语、想象、悟情、诵记六大古诗文核心模块中进行深化、突破、整合,合理运用深度学习的三大策略,即"高阶思维发展确定为教学目标,引导学生深度理解""整合意义联接的学习内容,引导学生批判建构""创设促进深度学习的真实情境,引导学生积极体验",在教学中"注重知识学习的批判理解""强调学习内容的有机整合""着意学习过程的建构反思",在教学过程中力求角度多维、深度学习更丰厚,多方激活、深度学习更强烈,渐进推动、深度学习更充分。

一、"六模"教学的价值

"六模"教学力图转换语文教师视角,使其从深度学习的角度反思自己的语文教学方法,重构课堂实践,探索促进学生深度学习的古诗文教学策略与方法,提升学生的语文素养。"六模"教学力图探究深度学习的路径,在古诗文教学中重现文本作者的人格魅力、诗文风格,发现古诗文的

言语之美；通过整体性的文本比对阅读引导学生理解联系的观念；关注古诗文的言语品味和辨析，寻找语言的精神家园；开展探究性学习，培养学生深度学习的思维；扣住语文核心素养，培养与提升学生理解和运用语言文字的能力，最终体现语文的深度、思维的深度，以及学习的整体性、联系性和建构性。

二、"六模"教学的效用

自 2019 年开始，笔者和研究团队在江苏省教育科学"十三五"重点规划课题"'六模'导引统编教材小学古诗文教学策略的研究"的导引下进行深潜式实践研究，在丰富的课堂教学实践中凝练出了古诗文通识化教学模式——"六模"教学。该教学模式在核心素养的指导下，通过建构学习任务群模块，让古诗文教学走出困境，让学生进入古诗文情境，在思辨延展间与作者的心灵交汇融合，产生共鸣，从而陶冶学生的性情，让学生真正受到中华优秀传统文化的熏陶，走进文学的殿堂感受语文的魅力，不断提高学生的语文素养。

"六模"教学的具化策略

"六模"教学旨在紧扣语文核心素养，培养学生理解和运用语言文字的能力。六个模块的组合构成了古诗文学习任务群，"横连纵进"是"六模"课堂教学架构的要诀，教师在进行课堂教学时应结合教学年段、古诗文类型等选用合适模块加以组合。

第一节 "六模"教学的具化策略

一、"造境"有方，模块互融巧渗透

"六模"教学中的第一个模块"造境"，即营造情境。情境可感、可悟，但是情境的"感""悟"不是唾手可得的，它需要教师的技术处理，即在教学中营造情境。美学大师朱光潜说："无论是欣赏或是创造，都必须见到一种诗的境界。"师见方有生见，从朦胧浅知到清晰体悟，造境必不可少，造境可以为古诗文任一模块的教学搭建支架。

学习是有目的的行为，是儿童求得发展的有意义的活动，学习的目的只有通过学习者本身的积极参与、内化、吸收才能实现。学习的这一本质属性决定了学生是学习活动的主体，其能否主动地投入是学习成败的关键。有情境的教学正是针对儿童潜藏着的学习主动性，通过把儿童带入情境，让儿童在探究的乐趣中激发学习动机，并在连续的情境中不断强化其学习动机，以达到主动学习的目的。

著名教育家杜威在《民主主义与教育》中指出，教学法的要素和思维的要素是相同的。这些要素主要体现在两方面：第一，学生要有一个真实的经验的情境——要有学生感兴趣的连续的活动；第二，这个情境内部要有一个真实的问题作为思维的刺激物。

任何教学都始于情境，情境能点燃思维的火花。教学中的情境效用源远流长，春秋时期的孔子把它总结为"无言以教""里仁为美"；南北朝学者颜之推进一步指出了它在培养、教育青少年方面的重要意义："人在年少，精神未定，所与款狎，熏渍陶染，言笑举动，无心于学，潜移暗化，自然似之。"情境教学中的特定情境提供了调动学生原有认知结构的某些线索，学生经过思维的内部整合，就会顿悟或形成新的认知结构。可以说，在古诗文教学中，情境所提供的线索起到了唤醒或启迪学生智慧的作用。

意境是古诗文作者的思想感情、审美体验与古诗文所描绘的画面、情景相互交融而成的艺术境界,充满审美意蕴,是古诗文艺术的灵魂。古诗文的意境是通过文字组合呈现的,经典的古诗文更是"言有尽而意无穷"。

特级教师李吉林老师从文艺理论中的"意境说"出发,强调了情境教育中的真、美、情、思四个要素,尤其突出了情境教育的情感要素和美学要素。在学科教学实践中,对情境的理解通常是微观的,图画、故事、视频等情境素材常被理解为情境本身,而情境素材也多被教师用在引入(导入)教学环节。实际上,一个功能全面的情境应该包括学科知识、生活场景、交往环境和学习活动四个要素。

情境教学由于本身所具有的形真、情切、意远、理蕴等特点,巧妙地把儿童的认知活动与情感活动结合起来并使二者达到平衡,从而达到教学的目的。儿童之所以能进入情境,是因为情境有图画的形象、音乐的形象、角色扮演的形象、生活场景的形象等,并有教师的调节、支配,教师引导儿童带着与作者相共鸣的真切情意全身心地进入情境。此时的情境就不光是由物与形组成的场景和画面,而是渗透甚至饱含了教师的情感。在这种"情"与"境"的合力下,儿童的情感得到了有效的激发。情感是情境教学的纽带,师生情感的交流互动极大地丰富和升华了单纯的、直观的物"境",使教学活动进入师生共处的忘我境界。

(一)造境的节点与效用

1. 暖场的亲和铺垫

教师用幽默的语言激发学生的听课欲望,唤起学生的听课自觉,这就是古诗文教学的"暖场导入"。

教学片段一

师:同学们,大家下午好。室外阳光暖暖,室内气氛融融。在这个初夏的午后,老师和咱们五(5)班的同学们美好地相遇了。"暖风熏得游人醉",但是咱们下午上课可不能打瞌睡。

众生笑。

师:大家笑了,笑了就对了,课堂上最美的就是你们自信迷人的笑容。

> 师：我来自苏州市枫桥中心小学，听到"枫桥"两个字，你们的第一反应是？
>
> 众生齐：《枫桥夜泊》。
>
> 师：《枫桥夜泊》的作者是——
>
> 众生齐：张继。
>
> 师：谁来穿越千年，化身张继，高声诵读一下这首诗？请你来。
>
> ……………
>
> 师：谢谢你，此处应该有掌声。这位同学的诵读抑扬顿挫、字正腔圆，还带着张继的那一点点忧愁。同学们，老师这里还有一首跟"枫桥"相关的名诗，你们想知道吗？
>
> 众生：想。
>
> 师：听老师读。《怀吴中冯秀才》，唐，杜牧。
>
> 　　长洲苑外草萧萧，却算游程岁月遥。
> 　　唯有别时今不忘，暮烟秋雨过枫桥。
>
> 众生鼓掌。
>
> 师：会鼓掌的孩子是会欣赏的孩子。来，同学们，同样是写"枫桥"，但是诗人不同就会有不同的——
>
> 生：诗歌。
>
> 师：不同的诗人，不同的诗，蕴含着不同的——
>
> 生：感情。

在案例中，教师的这句"课堂上最美的就是你们自信迷人的笑容"看似蜻蜓点水，实则意蕴深远，目的是用鼓励调动学生的情绪，唤起学生的听课自觉。

> **教学片段二**
>
> 师：最近中央电视台的《中国诗词大会》风靡全国，圈粉无数，我们一起来重温比赛现场。这是一道图片线索题，同学们能看见吗？请你根据这幅图画猜两句诗，每句五个字。

> 生：松下问童子，言师采药去。
> 师：你有一双慧眼，为你点赞！来，一起读。
> 众生：松下问童子，言师采药去。
> 师："去"字读得短促一点，"子"也可以读得短促一点。再来一次。
> 众生：松下问童子，言师采药去。
> 师：读得有进步。老师想问问，中央电视台为什么要给我们一幅画让我们猜两句诗呢？诗和画之间有联系吗？请你说。
> 生：我认为诗和画之间是有联系的，因为有很多诗是诗人触景生情后写下的，所以诗和景是相关联的。
> 师：那也就是说，这幅画其实就含着这首诗，这首诗里面也含着诗人所看到的这个景和画。其实，诗是无形画，画是有形诗，诗和画就这样巧妙地融合在了一起。同学们，这就是中国古典诗词的魅力。今天，我们将学习一首七言绝句。上课。

在上面的"暖场导入"案例中，教师在师生对话中创设情境，通过模拟中央电视台的《中国诗词大会》点燃学生的学习热情，在学生朗读古诗的过程中适时点拨朗读技巧，并巧妙地运用可视化学习工具，通过让学生看图猜古诗打通"诗"和"画"之间的联系，渗透"诗中有画，画中有诗"的诗歌美学，为教材中古诗的教学铺垫、蓄力。

2. 想象的"造梦工厂"

"造境"是"想象"的"造梦工厂"，无"造境"不"想象"。教师用情境帮助学生打开想象的闸门，将精练的古诗文语言转换成形象丰富的画面，这是"造境"的功能指向。从"古诗文"文本到"脑海画面"，想象让学生的思维具体化并向着纵深处漫溯，继而将"脑海画面"变成"现代口语"表达出来。

> **《六月二十七日望湖楼醉书》教学片段一**
> 师：人们常说一首诗就是一幅画。诗人苏轼用"云雨风水"为我

们描绘了一幅动态的《西湖雨景图》。老师挺喜欢这幅画的，所以呢，前几天我就一直在家里练习画这幅画。你们想不想看老师画这幅画？

众生：想。

师：但是你们这样直勾勾地看着我，我有点紧张。来，同学们把眼睛闭上。

（配乐声起，教师声情并茂地朗读这首诗）

师：画好了，同学们，睁开你们的眼睛，老师画了吗？

众生：没有。

师：真的没有画吗？

生：画了。老师在朗读的时候呢，很有感情，抑扬顿挫地，让我身临其境。

师：嗯，在你的脑海当中，你有没有想象出这样一幅图画？

生：想象了。

师：同学们，其实最美的图画在文字当中，更在你们的想象当中。来，请大家发挥自己的想象，对照这首诗，用自己的语言来说一说你所"看到"的画面。

在这一环节，教师用语言造境设置了一个小小的悬念，让学生甚至是在场的听课老师都以为他真的会画一幅《西湖雨景图》。教师的最终目的是用配乐诵读创设情境帮助学生点燃想象之火，让学生用自己的语言描绘"看到"的画面（想象中的画面），从而打通"诗""画""话"的互融通道。"造境"点燃了"想象"的"造梦空间"，在古诗、画面、语言中走个来回，让学生真正体会到了"诗中有画，画中有诗"。可见引导学生想象是最好的教学策略，它可以让每个学生动起来，通过个体参与、情境熏陶，把书面文字内化为学生的知、情、意，激发学生的高阶思维，提升学生的核心素养。

3. 品语的勾连纵横

品味语言即品语绝不是孤立的行为，在古诗文教学中，品析、体味古诗文的语言文字必须在具体的情境中进行，教师通过造境营造适合的"品语"场，横向勾连，纵向深挖，揭示古诗文语言的丰厚意蕴。

> **品语教学示例**
>
> 　　《清平乐·村居》中的"溪"字在词中出现了三次，同一首词中重复一个字多次，这是辛弃疾的疏漏还是有意为之？（语言造境）三个"溪"字串起了整首词，一条小溪把词中的人和景无痕地融合在一起。据统计，辛弃疾的词作里"溪"字共出现了131次，辛弃疾为何偏爱"溪"字？教师再补充时代背景引导学生体悟，用语言造境激发学生思考，品味"溪"字，横向勾连辛弃疾词中的"溪"，纵向解密这首词的意境和作者创作这首词时的心境。教师用一个"溪"字联结成品语的学习任务群，在延展中引领学生品味精练的文字，体验语言的魅力。

4. 悟情的"黯然销魂掌"

"造境"和"悟情"是最好的搭档，情动于心、发于声、显于辞。笔者在讲授《六月二十七日望湖楼醉书》时运用"语言造境（背景补白）+音乐造境"的组合教学模式帮助学生体悟诗情，理解作者的情感寄托，把学生的情绪推向了制高点。

> **《六月二十七日望湖楼醉书》教学片段二**
>
> 　　师：同学们，一切景语皆情语。《六月二十七日望湖楼醉书》这首诗当中其实也蕴含着诗人的情感。让我们再一次走进诗人，感受这种情感。（教师配乐朗读）公元1057年，20岁的苏轼参加科举考试，以一篇《刑赏忠厚之至论》，备受考官赞赏，高中进士，成为皇帝身边最为信赖的文臣之一。但是后来，他与当朝宰相王安石政见不合，被贬谪至杭州，在杭州期间，诗人写下了这首著名的《六月二十七日望湖楼醉书》。后来，诗人因为"乌台诗案"入狱103天，差一点丢掉自己的性命。自此，苏轼一再被贬，从杭州到密州，再到徐州、湖州，甚至在六十多岁的时候被流放海南，当时那里是荒无人烟、偏僻遥远的地方。据说在苏轼的时代，流放海南只比满门抄斩轻一等。同学

> 们，我们再看看诗中的云和雨，这不正是诗人苏轼所经历的……请你说——
>
> 生：这里的云和雨就是苏轼经历的坎坷。
>
> 师：是的，就是诗人苏轼经历的坎坷。面对这样的坎坷和磨难，苏轼希望来一阵卷地风，吹散这个云和雨，让自己的那颗心明亮起来。所以，诗中的明亮之景不仅仅是景，还是诗人苏轼那颗明亮的——
>
> 众生：心。

伴随着哀婉动情的背景音乐《别哭，我最爱的人》，教师用低沉浑厚的嗓音动情地讲述着苏轼的多舛命运。这一"黯然销魂掌"击中了学生的内心，学生被彻底震撼了，入境、入心，学生情感的阀门打开了，思考更加深刻，"悟情"也就水到渠成。

5. 诵记的"情感催化剂"

古诗文教学无论是朗诵还是背诵都要做到"有感情"。诵记需要具体可感的情境催发，而造境则是诵记的"情感催化剂"，朗诵时教师通过语言造境的方式描绘朗诵情境，学生的情感被激发，"有感情的朗读"就来了。如《山居秋暝》的诵记，教师根据题材配上优雅的音乐造境，并借助语言造境引导学生想象场景，还原画面，牵着学生的思绪走进诗歌的境界。学生的诵因此有了情感，有了灵魂；学生的背因此有了境场，从而对课文内容了然于胸。

（二）"造境"的方式方法

1. 图片燃情，视觉催发

《义务教育语文课程标准（2022年版）》在第一学段对阅读的要求是"借助读物中的图画阅读""诵读儿歌、儿童诗和浅近的古诗，展开想象，获得初步的情感体验，感受语言的优美"。

"图画阅读"，对学生而言就是通过对图片的观察和思考发现其中蕴含的内容；对教师而言就是用图画营造课堂学习情境，把抽象的古诗文内容形象化。课文中的插图及教师特意绘制的挂图、剪贴画、简笔画等都可以用来创设情境，从视觉上催发学生的思维。例如《静夜思》一课，教学的引入可以从图画开始。教师选择了一张"月圆如镜，月光如水，似银，似霜"的图片，二年级的学生很感兴趣，教师让他们说说自己看到的图片。"圆圆的月亮""美丽""有山有水"——学生给出的词汇虽然简单，但是反映了他们最直观的感受。教师顺势点引："月圆之夜，是一家人团圆的好日子。静静的夜晚，漂泊在外的人看着这明亮的月亮，就会特别地思念家乡。"教师再在PPT上投影出形象，学生立即猜出了诗题"静夜思"，随之而来的就是自然而然的放声背诵，因为他们对这首诗太熟悉了。在这个案例中，教师用图片渲染情境，用图片点燃想象，带领学生开启诗歌学习之旅，收到了较好的效果。

2. 音乐渲染，听觉触动

17世纪捷克教育家夸美纽斯在《大教学论》中写道："一切知识都是从感官知觉开始的。"音乐是一种微妙而强烈的语言，其独特的旋律和节奏中蕴含着丰富的情感，当音乐的情感与古诗文的情韵和谐交融时，听者、读者的心会随着韵律跳动。德国杰出的语言学家威廉·冯·洪堡特在其论著《论人类语言结构的差异及其对人类精神发展的影响》中说："诗歌本质上与音乐密不可分。"古诗文中的文字具有两种作用：第一是音乐的作用，从古诗文的文字中可以感受到音乐般的节奏与和谐；第二是绘画的作用，古诗文的文字可以表现出空间的形象与色彩。因此，教师在进行古诗文教学时用音乐来渲染造境是一种有效的手段。用音乐渲染造境并不局限于播放现成的乐曲、歌曲，教师自己的弹奏、轻唱及学生的表演唱、哼唱都是行之有效的方法。比如《塞下曲》悲壮凄冷，《清明》凄婉忧伤，相应感情色彩的背景音乐响起便能把学生带到特定的情境中。

3. 语言煽情，心脑联动

语文是一门学习语言文字应用的学科，语言是语文课堂的生命力量。教师用生动且富有感染力的语言营造出情境，带着鲜明的感情色彩濡染着学生的感官。所谓语言造境，一般是描述、追问、背景补白（知人论世）的综合运用。例如薛法根老师在教学《山居秋暝》时，在介绍了王维的人生经历后，薛老师出示了终南山的图片，并发出了智慧之问："这座山里有什么？它是一座空山吗？"他直接提问："现实中山未空，诗中却是'空山'，这是为什么？"学生在了解了王维退隐终南山的人生经历后，潜意识里隐约悟到：山空即人心空，如果人心空灵纯洁，则目光所至都是"空"，这首诗表达了作者超然脱俗、怡情山水的思想感情。如此境界的诗，唱出来更是动听，薛老师播放《经典咏流传》节目中的歌曲《山居秋暝》，学生从听到轻声吟唱，再到全体起立纵情歌唱，情绪逐步走向高潮，情境氛围渐趋浓厚。这里是学生要突破的一个学习"感知点"，薛法根老师所用的造境之法是"音乐+背景渲染"。薛老师还通过追问再突破："为什么歌的最后一句要重复唱呢？"一语激起千层浪，学生众说纷纭，有位学生回答道："最后一句蕴含真情。"教师顺势点拨："前面写景，后面抒情，'留'就是一种情感。"接着教师指出"空"字在王维诗歌中的典型意义并举例："空山不见人，但闻人语响""人闲桂花落，夜静春山空"。这里是学生要突破的一个"感知点"，薛法根老师所用的造境之法是"图片+音乐+语言（追问+背景补白）"，通过巧妙渲染，引导学生突破教学的重难点。

4. 虚拟语境，催发感悟

为达成教学目的，教师在情景语境的基础上，通过虚拟（如语言虚拟、表演虚拟）、想象等方式创造某种假定的情境。比如在教学《寻隐者不遇》的时候让学生分别扮演诗人和童子，通过角色对话加深对诗歌的理解，在想象补白中展现诗人的情绪变化等。在教学中使用虚拟语境，营造切合文本特点的情境，可以考查学生对文本的理解，培养学生的想象能力和语言表达能力，深化学生对文本的理解与感悟。

二、"通言"有法，辞义畅达有生趣

古诗文教学中的"通言"属于"释义"范畴，但是通言不能陷入"纯翻译"的窠臼，一个一个地去解释诗中的文字，然后连起来，这种淡而无味的"通言"不仅缺少兴趣点，缺少方法和技能，更缺少对学生思维的触碰。

学生要从三个层面去疏通古诗文，从"初解"感知古诗文大意，再通过看注释、查阅工具书，联系已知进行梳理通解，即"自解"。当学生在理解上有困难的时候（涉及关键字眼必须理解时），教师给予帮助，即"助解"。从目的上讲，"通言"应该做到三个相结合：精准与模糊相结合，自学与辅导相结合，理解与表达相结合。

（一）精准与模糊相结合

所谓精准，就是一定要把古诗文中的关键字（词）解释清楚，如

《静夜思》中的"床""疑"等字,《春日》中的"胜日""等闲""东风面"等词。所谓模糊,就是对整首诗而言,只要知道大致的意思就可以了。如《春日》一诗,学生知道这首诗写的是到泗水滨去春游,看到了春天的美丽景色即可,没有必要像文言文翻译那样把一词一句的意思都清楚地表达出来。

(二) 自学与辅导相结合

自学就是自解,辅导就是助解。上文已作交代,此处不再赘述。要强调的是,教师一定要借助古诗文教学培养学生使用工具(看注释、查资料等)的意识和能力。从某种意义上讲,这种意识和能力的培养,就是对六大核心素养之一"学会学习"的具体落实。

(三) 理解与表达相结合

古诗文言简意赅,古诗文中的许多意象都是点到为止,概括而又笼统。因此,教师要在学生理解的基础上让学生尝试"练笔"(表达),以加深对文本的理解。这是"'内'(吸收)'外'(表达)兼得"的好方法。如《春日》一诗的教学,教师可以让学生具体描描"无边光景",详细写写"万紫千红"的景象。

当然,在古诗文教学中"通言"模块还有一些小策略,具体如下。

1. "说说"通其言

"说说"看似简单,其实是对学生古诗文翻译能力的培养,而提高这一能力的关键在于引导学生在字词理解的基础上组织出古诗文的大体意思。这样的"组织"能力只有在不断实践中才能掌握和提高。因此,教师要引导学生充分利用注释和课文中的插图来理解古诗文的意思和组织古诗文的大意,并在评价古诗文大意的过程中相机引导,使学生不断修正自己的表达。这是古诗文教学的重点。例如在学生通过反复、有节奏地诵读《绝句》,对这首诗有了初步的把握时,教师让学生借助插图说说:"你知道了哪些诗句的意思?""哪些还不理解?"以此让学生初步理解诗歌的大意。而"窗含西岭千秋雪"是理解上的难点,教师在教学时可以引导学生学会观察诗人站立的位置,借助图画将"含"理解为"嵌入","窗含西岭千秋雪"就是远处白雪皑皑的西岭仿佛嵌入了窗中。在学生解决了难点后,教师出示相关词语的解释,让学生说说整首诗的大意。而在与学生交流的过程中,教师的相机引导不仅让学生明白了诗意,而且让学生知道了诗歌有时可以直译，有时可以意译。

2. 释题有千秋

薛法根老师执教五年级语文教材中的《山居秋暝》一诗时，对诗题的疏通就有着举一反三、触类旁通之效。薛老师对"居"的多维解读让人眼前一亮："'居'就是'住'，住在山里叫'山居'，住在村子里叫'村居'，住在家里叫'家居'，住在异国他乡叫？"学生回答有"异居""国居""别居"等。在薛老师的点引下学生又回答："叫'旅居'或者'客居'。"薛老师接着解读道："住在不想让人知道的地方叫'隐居'，《山居秋暝》中的人就是'隐居'。"题目理解了，也就为感受诗人的品性修为打下了基础。

常规的通言释题，一般是从单个词语的解释到整体的梳通，比如《六月二十七日望湖楼醉书》，那么长的题目不太好读，教师指名学生来读，优秀的学生会依据自己的理解合理划分节奏，这时教师追问："为什么这样读？"学生会关注语义词主体，这样回答："'六月二十七日'是日期，'望湖楼'是地点，'醉书'是事情。"这样的回答清晰明了，正确合理，问题因此迎刃而解，通言在此基础上也变得简单起来。在实际教学中，深度"释题"可以在直白解释的基础上进行"科学添加"。这样的通言释题，扎实高效，融读、解、悟为一体。

3. 一字通全诗

"一字通全诗"是通言环节经常采用的方式，只要找准关键字眼，就能四两拨千斤，提领而顿。2020年12月，在南京市中华中学附属小学举行的江苏省教育学会小学语文专业委员会学术研讨会上，孙双金校长执教了四年级语文教材中的《书湖阴先生壁》。教学中，孙老师从"茅檐长扫净无苔"出发提出问题：因为长扫所以干净，那可以说长扫净无叶、净无草、净无纸，为什么要说"净无苔"？一语激起千层浪，"青苔"之论点燃了学生的思维，学生从诗题中的"湖阴"联想到作者居住的环境，问题迎刃而解：青苔如此细小都能完全清理，形容干净自然就用"无苔"二字。孙老师轻轻宕开一笔提问："清理青苔非常费事，但是主人为什么要把青苔清理得如此干净？可见主人是？"学生答："高雅之人。"这是教师在通言环节经常采用的方式，教师从字词疏通开始，引导学生在理解的基础上走向对人物形象的感知。

4. 巧改明诗意

陈德兵老师在执教《宿新市徐公店》一诗的时候设计了"巧改"环节，将七言诗"篱落疏疏一径深，树头新绿未成阴。儿童急走追黄蝶，飞入菜花无处寻"改成了六言诗："篱落疏疏一径深，树新绿未成阴。儿童走追黄蝶，入菜花无处寻。"再改成五言诗："篱疏一径深，新绿未成阴。童走追黄蝶，入花无处寻。"再改成八言诗："篱落疏疏一径深深，树头新绿还未成阴。儿童急走追赶黄蝶，飞入菜花无处可寻。"最后这一改就近乎白话文了，理解起来也就没有什么障碍了。我们也可以尝试通过形式的变化和语言文字的玩味"通言"于无痕之中。有这样一个小故事：慈禧太后让一位书法家在扇子上题写王之涣的《凉州词》，这位书法家无意中竟把"间"字漏掉了，慈禧太后见了勃然大怒，书法家灵机一动，说道："臣是根据王之涣的《凉州词》改的一首词啊。'黄河远上，白云一片，孤城万仞山。羌笛何须怨？杨柳春风，不度玉门关。'"就这样，书法家捡回了一条性命。这个故事给我们一个启示，其实我们也可以将诗改成词，将词改成诗，这首诗还可以改成其他的诗，在来来回回的形式转换中，学生加深了对诗意的理解。

5. 修辞有讲究

在理解、感知古诗文大意的时候，对于纯叙述或描写的内容，学生借助工具书疏通起来比较容易，而当古诗文运用了修辞手法，特别是平常少见的修辞手法时，就需要教师的适当点引。例如，四年级上册《古诗三首》中王昌龄《出塞》的第一句"秦时明月汉时关"，这句诗本来的意思是：这里天上的月色和地上的关城，都和秦汉时期一样。但作者不能把诗句写成"秦汉明月秦汉关"，这不成为诗，于是他改成了"秦时明月汉时关"，这里就是运用了"互文"的修辞手法。无论是"秦"还是"汉"，这两个字都代表同一个抽象的概念，并非"明月"只指"秦时"、"关"只指"汉时"。从炼字的角度来说，"互文"可以简缩用字，但以不产生误会为度。作者并不是要把"明月"和"关"分属于两个朝代，而是把"秦""汉"二字分在两处作状语，这种修辞方法就是"互文"。

"主人下马客在船"也运用了"互文"的修辞手法。对于应用"互文"修辞手法的古诗文，通常不能简单地从文字表面去理解，而要体察上下文的文意理清脉络。这句诗的意思是"主人和客人下马、上船"，"主人"和"客"分别作为"下马""上船"两个动作的主语,这样才能连接下句"举酒欲饮无管弦"。如果"主人"只是下马而不在船,就无从发生下面"举酒欲饮无管弦"的场景;如果只是"客在船",则没有交代客人是怎么上船的。"互文"有一个特点,即它的实际含义远远大于字面的含义。在阅读古诗文时,一定要留意"互文",以免把意思理解错了。

6. 宕笔诗新解

《清平乐·村居》是南宋词人辛弃疾的代表作。对这首词,很多人存在误读。很多读者,甚至一些学者都认为这首词描绘的是一家五口其乐融融的乡村生活,词中的"白发谁家翁媪"是一对老夫妻,"大儿"是他们的大儿子,"中儿"是他们的二儿子,"小儿"是他们的小儿子。

其实,稍加揣度,便可知以上理解谬矣。从年龄上看,两位白发苍苍的老人怎么会有如此年幼的三个儿子(在这首词中,即便是大儿,也不过十五六岁),这显然说不过去。说这是三辈人或者四辈人,也就是说这对翁媪是三个孩子的祖辈、曾祖辈,似乎更合情理。从中国社会的发展来看,我国古代是农耕社会,因为生产力低下,所以人们多聚族而居,守望相助。而且题目"村居"中的"村"就是村落的意思,只有一家一户是不可能形成村落的。根据词的内容,我们不能判断这五个人是一家人。"白发谁家翁媪",词人也不知"翁"是谁家翁、"媪"是谁家媪,我们凭什么就断定这是一对老夫妻呢?再从词的表达来看,"翁媪"不能理解为一位老爷爷、一位老奶奶,同样"大儿""中儿""小儿"也不能理解为三个小孩,"儿"更不能理解为"儿子"。在古代汉语中,"儿"既可以指儿童也可以指儿子。当然,"锄豆""织鸡笼""剥莲蓬"也不能僵化地理解为锄豆、织鸡笼、剥莲蓬,这只是三个意象,分别代表干农活、做家务、无忧无虑地玩耍。

综上所述,我们可知,辛弃疾描绘的是这样一幅村居画卷:山脚下坐落着一个小村庄,小溪潺潺,绕村而过,村里的座座茅屋错落有致,绿树成荫,鸟语花香,鸡犬相闻。老人们聚在一起喝茶聊天,乐享晚年;田野里,大孩子跟着父母在辛勤劳作;院子里,半大的孩子各自在家养鸡喂猪,操持家务;那些什么也做不了的小"屁孩"们,也不缠着大人,而是在村子里无忧无虑地尽情玩耍……这样的生活,不就是陶渊明笔下的世外桃源吗?——"土地平旷,屋舍俨然,有良田美池桑竹之属。阡陌交通,鸡犬相闻。其中往来种作，男女衣着，悉如外人。黄发垂髫，并怡然自乐"。这，不也就是中国文人千百年来的最高理想吗？

在《清平乐·村居》这首词中，词人紧紧围绕"喜"这个字眼展开，无处不流露出词人发自内心的欣喜。"茅檐低小，溪上青青草"，这是一喜，词人喜的是这里山清水秀、风景优美，一座座茅屋虽然低矮，却可以为大家遮风挡雨，这叫"居有所安"。"醉里吴音相媚好，白发谁家翁媪？"这是二喜，词人喜的是这里的老人们过得悠闲自在，因为有后辈们的孝顺，他们可以安度晚年，这叫"老有所养"。"大儿锄豆溪东，中儿正织鸡笼"，这是三喜，词人喜的是这里的人个个勤劳朴实，他们用自己勤劳的双手创造美好的生活，这叫"壮有所为"。"最喜小儿无赖，溪头卧剥莲蓬"，这是最喜，词人喜的是这里的孩子天真顽皮、无忧无虑，这叫"少有所乐"。

辛弃疾生于乱世，长于苦难，从小目睹中原人在金人统治下所受的屈辱与痛苦，他在青少年时期就立下了恢复中原、报国雪耻的志向。辛弃疾一生力主抗金，21岁就参加抗金义军。后来他由于与当政的主和派政见不合，被弹劾落职，退隐山居20多年。但是，他恢复中原的爱国信念始终没有动摇，他把满腔激情和对国家兴亡、民族命运的关切与忧虑全部寄寓在词作之中。在《清平乐·村居》这首词作中，我们不仅能够体会到辛弃疾由衷的"喜"，更能体会到辛弃疾更大的愿望——愿父老乡亲、愿天下苍生都能过上祥和安宁的日子！如果再读一读辛弃疾的其他词作，我们更能感受到这一点。

三、"品语"诗酒，语音、语用、语文化

王国维在《人间词话》中指出，诗中"有造境，有写境，此理想与写实二派之所由分。然二者颇难分别，因大诗人所造之境必合乎自然，所写之境亦必邻于理想故也"①。无论是造境还是写境，关键在于寻找灵性，给文字、意象以生命。古诗之"境"常常体现在寻常语句中，却有神来之笔、出彩之处。因此，教师解读古诗时要善于捕捉关键生字，让字和诗歌所蕴含的意境相映衬，以此为主轴，引导学生通过对关键字音、形、义的

---

① 王国维. 人间词话［M］. 长春：吉林人民出版社，2018：3.

识记来理解诗句，使学生既掌握关键字的音、形、义，又能突破意境理解的难点、重点，形成字、词、句、境相融的局面。

古人的诗词创作很讲究炼字炼句，而炼字炼句的过程就是创新的过程。比如贾岛在创作《题李凝幽居》时一直在思考和比较"僧敲月下门"和"僧推月下门"哪一个更好。又比如王安石《泊船瓜洲》中的诗句"春风又绿江南岸"，在用"绿"字之前他改了十多次，曾用过"过""到""入""满"等，最后选择了"绿"字。为什么这个"绿"用得好？因为它让我们感到新鲜、新奇，既体现了春到江南的过程，又写出了春到江南的结果，准确而妥帖，没有其他字可以代替这个"绿"字。尤其是对过程的展现具有动态美。

陶渊明《饮酒（其五）》中的"采菊东篱下，悠然见南山"是千古名句。我们在品读的过程中之所以觉得这两句写得好，是因为闲适的田园生活是每个读者的心之向往。在《文选》和《艺文类聚》中，"悠然见南山"一句中的"见"作"望"，苏轼在《东坡题跋》中对这个"望"字严加批判道："则此一篇神气都索然矣。""望南山"和"见南山"一字之差，为什么反差如此巨大？孙绍振教授的解读甚为妥帖、精当："见南山"是无意的，它暗示了诗人悠然、怡然的自由心态。"望南山"就差了许多，因为"望"字隐含着要主动寻觅的想法。

清代诗评家吴乔在《答万季野诗问》中对"诗与文之辨"有一段精辟的论述："意喻之米，饭与酒所同出。文喻之炊而为饭，诗喻之酿而为酒。"意即"文饭诗酒"。诗为酒，精酿之，当细品。古诗文语言精美，需要像品尝美酒般细品，而细品语言则是培养学生"语言建构与运用""审美鉴赏与创造"核心素养的有效教学手段，也是"六模"导引古诗文教学的重要板块。

（一）读与诵，品节奏与音韵之美

古诗语言之美，美在节奏和音韵，而感受节奏与音韵最好的方法就是读与诵。《义务教育语文课程标准（2022年版）》对第一学段阅读的要求为："诵读儿歌、儿童诗和浅近的古诗，展开想象，获得初步的情感体验，感受语言的优美。"读和诵，既是学习诗歌的方法，也是诗歌学习的目标。品语的第一步必然是在读与诵中感受节奏和音韵之妙。

对于名诗《静夜思》，一年级学生早就背得滚瓜烂熟了，读正确自然不成问题，但是教师在读的形式和内涵上需要不断点化：从读准字音，到教师提供节奏，到去掉节奏符号，再到押韵的启蒙，都有教学技巧。学生不懂押韵，教师无须多讲这方面的专业知识，只要引导学生发现"光""霜""乡"三个字放声朗读时候的共同点，学生就会恍然大悟：它们的韵母相同，都是"ang"。教师再让学生放声朗读，学生就会发现读开口呼字的音不仅洪亮而且传得远。发现总是让人欣喜，学生兴味十足，在诵读中感受着诗歌的音韵美。老师再轻轻一点："古人在读诗的时候最后的字尾音会拉得长一些，要读得慢一点。""光——""霜——""乡——"悠长的朗读中渐渐有了吟哦的味道，不知不觉中童心便与诗歌的音韵美悄然触碰。更进一层，老师提供古诗朗读节奏的投影，起步教学从示范开始，老师示范读，学生跟着读，在体会音韵美的基础上起伏的节奏美也走入学生的内心深处，学生体悟到了古诗的语言之美。

"读"是对古诗语言之美的初步感知，止于形式，"诵"则指向深度感知，在体悟情感后于"藕花深处争渡"，诵出作者心声，用灵魂触碰古诗语言的音韵美、声律美、情感美。

"静夜"里李白在"思什么"？由题目剖析可以引申出两个思绪延展点："静夜"的氛围营造和"思"的内容与情感。"静"和"夜"，在寂静的夜里，人的思念往往更浓，床前的明月光好似地上冷霜，诗人用冷色调构成了环境的清冷。月明之夜，家人团圆时，漂泊在外地的诗人触景生情，睹月思乡、思人："我的家乡，我的亲人，你们还好吗？"情绪落寞，语气哀叹、舒缓。在由诗题的三个字"静""夜""思"品悟到诗人思念之情浓后，配上舒缓清冷的音乐，教师入情入境示范吟诵，踱步至教室窗前，抬头仰望那一轮明月，在失落中低下头缓缓徘徊，学生跟着"诵"：

床前/明月/光（↓——），疑是/地上/霜（↑——）。
举头/望/明月（↑——），低头/思/故乡（↓——）。

学生沉浸在诗歌的思乡氛围中，饱含情感的语言之美入心入脑。诗歌是诗人心灵的诉说，而诵读便是让一颗心遇到另一颗心，一种情同感另一种情。

低年级学生在语言的品味上更多是在教师的引领和示范之下读与诵，在吟哦诵读中初步感受语言的魅力，打好古诗文学习的底子。中高年级统编语文教材中古诗文的编排慢慢有了变化，从单首古诗到"古诗两首""古诗三首""古诗文三首"，再到六年级下册的专题"古诗文诵读"，数量逐渐增加，类型不断丰富，难度也在逐渐提高。教师在教学实践过程中应逐步渗透平长仄短、因声求气的朗读技巧，为更好地品味语言提供支架。无论教材中古诗文品语的方式和难度怎样变化，第一步都是读与诵，要求学生读出节奏，诵出韵味，吟哦出情感。

（二）赏与析，悟意蕴与语用之妙

在儿童的生命成长过程中，诗歌是开启儿童语言之门、培养儿童文字感悟能力和丰富情感的最好媒介。朱自清先生曾在《〈经典常谈〉序》中说："经典训练的价值不在实用，而在文化。"这里所说的"经典训练的价值"在文化，就是要立足于鉴赏，体会语言的妙处，如体会比喻手法的运用，体会颜色词语、动词的妙用等，而不是生硬地去理解。因此，教师在引导学生读诗时，应着力引导学生关注诗人反复锤炼、精心推敲的词句，解开诗人的心灵密码，以获得更高的审美享受。

语言文字是思维的载体，古诗文语言高度凝练，个中意蕴可谓"碧波深处有珍奇"。古人写诗作文斟酌推敲，在炼字上颇费心思，从而造就了古诗文语言的含蓄凝练。沈括在《梦溪笔谈·书画》中说："书画之妙，当以神会。"而古诗文的语言文字之妙则更需以神会之。

1. "清""香"巧相比，顿悟意蕴丰

著名特级教师王崧舟老师在执教《墨梅》一课时，抓住诗句中意蕴丰富的"清气"二字进行赏与析，让学生在互文比较中顿悟"家中梅"——"画中梅"——"心中梅"，在层层推进中感受诗歌语言"意蕴"之丰美。

> 师：据我所知，写梅花的古诗文中，100首诗里面至少有60首诗会写梅花的香气，而王冕却写梅花的清气，那香气和清气有什么不同？（小组合作完成学习单）
> 1. 香气写的是花，清气写的是（人）。
> 2. 香气是用鼻子闻出来的，清气是（用心）品出来的。
> 3. 香气每个人都能闻到，清气只有（品德高尚）的人才能闻到。

> 师：王冕这首诗不写"香气"，而是写"清气"，究竟是为什么？
> （教师补充拓展凸显王冕品性的咏梅名句："平生固守冰霜操，不与繁花一样情。"）
> 生：赞美墨梅不求人夸，只愿给人间留下清香的美德。
> 生：表达诗人不求权贵的高尚情操。
> 师：写梅花，写"清气"，作者实际上是在借梅自喻，托物言志啊。

王崧舟老师借助学习单给学生提供言语支架，抓住"香气"与"清气"做足、做透对比辨析，在比与思、赏和析中，"清气""香气"二词虽仅一字之差却尽显意蕴之妙。画与人"相遇"，花与人"相融"，梅花的高洁品格就是诗人自己的立身之德，诗格、画格、人格融为一体。"香气"为常，"清气"乃雅，品一词妙，悟一诗魂，在教师的引导下，学生情绪高涨，课堂精彩无限。

一位教师在教学《清平乐·村居》时抓住"溪头卧剥莲蓬"中的"卧"字进行品析，我们来看——

> 师：如果你是小儿，"溪头卧剥莲蓬"是怎样的动作呢？请写一写。
> （学生写话，班级交流，教师适当点评）
> 师：从刚刚的交流中，大家有没有发现，好像我们"溪头卧剥莲蓬"的动作不一样哦！比如，有的躺着，有的趴着，有的仰起头，有的跷起小脚丫……这么多可爱、有趣的动作姿态，用词中的一个字概括，就是——
> 生：（齐）卧！
> 师：同学们所写的其实都符合"卧"的意思，因为"卧"的含义确实很丰富。下面我们来看一下含有"卧"的三个词语：仰卧、俯卧、侧卧。同样是"卧"，这三个词语表示的意思却不一样，我们一起用身体来感受一下。
> （教师带着学生具体感受三个词语的意思差异。）

> 师：让我们回到词中再读一读，体会一下，"溪头卧剥莲蓬"中的"卧"字刻画了一个怎样的小儿形象呢？
>
> 生："卧"写出了小儿的活泼好动，他卧着的时候可能一会儿是这个姿势，一会儿是那个姿势。
>
> 生：我觉得"卧"说明小儿就是那样随意躺下来的，只要不觉得难受，什么姿势都可以，因为他这时心里想的就是吃莲蓬。
>
> 生：我觉得，在"溪头"这个地方，大人是不会"卧"的，只有小孩子才会"卧"。"卧"字就表现出这是个无拘无束的小孩。
>
> 生：从这个"卧"字，我感觉到小儿很自由，很可爱。对他来说，这是最快乐的时光。
>
> 师：看来，这个"卧"字用得真是精妙，简直把小儿写活了。

上述案例中，教师首先让学生从词的语境出发，发挥想象，写一写"溪头卧剥莲蓬"的动作画面。这一过程是借助练笔的方式，让学生在对"卧剥"中的"童趣"进行解构和补白的同时初步感受白描手法"言有尽而意无穷"的文学意蕴。然后，教师紧紧扣住"卧"字，出示三个词语让儿童具体感受"卧"的多义，在此基础上回到词的语境，引导学生咀嚼"卧"字，在感悟人物形象的同时感受白描手法"著一字境界全出"的美学效果。在这首词的教学中，教师让学生进入具体的语境，基于语言、结合人物形象进行深度对话，着眼于古诗词语言精练和用词精妙的特点，通过补白、咀嚼等教学对话策略，让儿童感受古诗词语言精练之中的丰盈、精妙之中的传神。

2. 深挖"象"特点，语用见智慧

意象是诗词最基本的审美单位，它是由作者的主观情志（意）与客观事物（象）相结合创造出来的具有双重意义的艺术形象。其中"象"是载体，"意"是附着在"象"上的诗人的主观情志。"象"有描述、拟情、指意的功能，教师在教学古诗词时要引导学生品味古诗词的语言，抓住诗词中核心凝练的"象"，在赏与析中习得语用之妙。

笔者在教学《六月二十七日望湖楼醉书》的时候紧扣"雨"这一核心"象"，设计了"论雨特点，品悟语言"这一教学板块，牵一发而动全身，用一个主问题引领学生赏与析，在品与悟中感受古诗语言的意蕴、凝练及语用之美。

《六月二十七日望湖楼醉书》教学片段

师：请同学们默读这首诗并思考，这究竟是一场怎样的雨？在语文书上空白处动笔写一写。

投影：这场雨真_____啊！我从"_____"感受到，你看（听、想）_____。

学生静心思考后会得出雨的"大""急""疾""快"等特点，雨的这些鲜明特点学生很容易发现，结合原文词句进行多维度的阐释就成了本课教学的核心之一，学生在品与悟中对诗歌中的典型景物进行了细致咀嚼。

学生1：这场雨真（大）啊！我从"白雨跳珠乱入船"中感受到。你看："白雨"，雨是白色的，是因为大雨下得如同白布；"跳珠"是跳动的珠子，雨点因为大而反弹，圆润似颗颗珍珠；"乱入"说明雨大而杂乱。这一切都指向了这是一场"大"雨。

学生2：这场雨真（急）啊！我从"黑云翻墨未遮山"中感受到。你看："翻墨"是说云黑雨将大；"未遮山"，云还没有来得及遮挡住远山，雨就来了，真是一场急雨啊。

学生3：这场雨真（快）啊！我从"卷地风来忽吹散"中感受到。你看："卷地风"是夸张，形容风大。"忽吹散"，忽然之间雨被大风吹散。一个"忽"字，尽显风之大和雨被吹散之"快"。

师：这首诗看似只有一句写雨，其实句句写雨！区区28个字，比喻、夸张齐登场，作者没有直说雨"大""快""急"，但是我们读起来分明感觉到夏季雨的急性子、躁脾气，来去匆匆。这就是语言的力量，诗人的智慧啊！

在这则教学案例中，教师紧扣"雨（象）"，抓住主问题，提领而顿，百毛皆顺，在引导学生在对诗中词句的玩味品析中，感知古诗语言的内蕴和诗人锤炼语言的智慧。

(三)"探与究",晓"诗眼文脉"之巧

诗之眼是洞察诗词旨趣的窗口,它是诗中最凝练、最传神、传达主旨最准确的字句。古诗中的诗眼往往只有一字,读者觅得诗眼就可以理清诗词的脉络。例如,《九月九日忆山东兄弟》中的"独"字撑起了"异客"的全部,孤独的人又见重阳佳节的热闹和他人的欢聚,此刻怎一个"独"字了得?诗人思绪万千,忆兄弟,思家乡,思亲人,想象"遍插茱萸少一人"的"独"缺。"独"作为这首诗的"诗眼",拎起了整首诗的脉络,不仅扣题、释意,更引人入境和悟情。

"君虽不作丹青手,诗眼亦自工识拔。"诗眼,诗的点睛之笔,诗中最精练传神之处。诗之有眼,犹人之有目。人之目,乃心灵之窗口;诗之眼,则是洞察诗之旨趣的窗口。在古诗文教学中,抓住表现力最强的关键词句和最能开拓意境的诗眼(文眼),品诗中情趣会更浓郁,悟诗中哲理也会更明晰。

正如王国维所说:"著一字境界全出。"因此,在体悟意境时,教师要引导学生品读诗眼,让学生从诗歌的关键字词中真切地体验诗人的情感,悟出诗歌语言的意蕴和美感。例如教学《宿新市徐公店》,教师让学生品读"疾走""无处寻",不仅发现孩童的天真与可爱,感悟到童趣,更体验到诗人对孩童的喜爱之情与一颗纯真的童心。最后,教师让学生再通过诵读表达出这样的童趣与喜爱之情,古诗之美就会自然地流露出来,学生的情感也经历了一次熏陶,获得一种审美的愉悦。

诗眼具体有诗趣之眼、诗情之眼、诗理之眼。

诗趣之眼。比如,"不解藏踪迹"中的"藏"字为神来之笔,与前面的"偷"字你呼我应,让学生品尽儿童顽皮纯真的情趣。

诗情之眼。比如,"漫卷诗书喜欲狂"中的"喜欲狂",总括全诗之情。在教学中,教师先以此诗眼引导学生回顾安史之乱给诗人带来的颠沛流离之苦,与诗人一起为天下之忧而忧,再以此引出"喜欲狂"下的"漫卷""放歌""纵酒",以及畅想的一日千里的返乡情景,与诗人共享"喜欲狂"之情,从而感受回乡之喜、胜利之喜。

诗理之眼。比如,苏轼《赠刘景文》一诗中"已无擎雨盖"的平淡与笔锋一转的"犹有傲霜枝"形成对比,此处已有停笔之势,却在结尾一反常情,呈现"最是橙黄橘绿时"的昂扬感,以累累丰收之景勉励好友。

教师通过这样的讲解在教学中层层推进，使诗文中蕴含的人生哲理现于文字之上，印在学生心中。

统编教材中含有"思"字的古诗不在少数，如李白的《静夜思》。显而易见，"思"应该是这首诗的诗眼，题目中有"思"，诗句中有"思"，在这首诗的教学中抓住"思"，就能巧解诗中情。"思"是整首诗的主旋律，品语抓住"思"，悟情体味"思"，想象也补白"思"，学生就能从这个有温度的情感动词切入，理解诗人要表达的思想感情。

《九月九日忆山东兄弟》中的"思"是这首诗的诗眼吗？有人说这首诗的诗眼是"忆"，也有人说是"独"，还有人说是"思"。其实我们读懂了诗文的大意后就不难发现，"忆"和"思"是诗人情感的直接流露，都是想念、思念的意思。那么，诗人"忆""思"的情感触发点在哪里？要回答这个问题，就要找到诗人特别思念家乡的原因。通过研读诗文我们发现，无论是"忆"还是"思"，这一切都源于"独"，形单影只的孤独，独自一人漂泊在异乡的孤独。

在教学中，教师可以提炼一个大问题，引导学生探究"诗眼"，品悟诗歌语言。比如可以提问学生："课文中有一个字最能体现每逢佳节诗人思亲的真正原因，你能找出来说一说吗？"

> 生：老师，我觉得是"异"，因为文中有两个"异"，说明王维不在自己的家乡，所以思念家乡。
> 师：你有一双会发现的眼睛，如果和自己的兄弟们一起在异乡，他会思念家乡亲人吗？
> 生：不会，因为有家人陪伴，就不觉得孤独了。
> 生：老师我知道了，是"独"，因为一个人漂泊在异乡，很孤独，所以思念家乡亲人。

在"独在异乡为异客"中，"独"字撑起了"异客"的全部，孤独的人又见重阳佳节的热闹和他人的欢聚，思绪万千，忆起犹在山东的兄弟，思念家乡亲人，想象"遍插茱萸少一人"的"独"缺之感伤。"独"拎起了整首诗的脉络，不仅扣题、释意、入境，更能抒情。所以，如果在教学中能够引导学生围绕诗眼做文章，以诗眼为核心，串联起整个古诗学习的脉络，对学生的古诗学习可以起到事半功倍的作用。

诗眼更多的时候是带有情感因子的词语，如张继"江枫渔火对愁眠"中的"愁"字，王安石"春风又绿江南岸"中的"绿"字，陆游"但悲不见九州同"中的"悲"字，等等。

诗眼是理解诗歌的一把钥匙，只有抓住了诗眼，才能明白主旨，带动全篇，完成对诗作的欣赏。

(四) 延与展，感文言文化之魅力

新课标提出了"学习任务群"这个新术语，温儒敏教授指出，提出"学习任务群"的学理根据就是想改变一篇一篇讲课文的那种老的教学方法，打破以老师讲述为主的教学方式，把听、说、读、写的训练分布到各个教学环节。在古诗文的教学中需要建构学习任务群，正如我们古诗文"六模"教学中的模块渗透教学一样，一个个具体的模块就构成了古诗文学习任务群。在"品语"模块中有效运用延展的策略既可引导学生品味语言，也可使学生进行知识的类比勾连，在延与展的实践中感受文言文化的魅力。

古诗文精简凝练，特别是古诗文中一些出现频率较高的字，已经从文字符号变成了一种文化，如隐含阴柔美、思念情的"月"文化，凸显洒脱、奔放、消愁的"酒"文化，渲染悲凉、萧瑟、寂寥的"秋"文化等，这些文字都非常值得品鉴，如果教师能够以此触发建构学习任务群，由此字延展开去，学生思维的纵深度就会得到有效拓展，文化的浸润也会产生良好的效用。

而对同字同义不同诗文的延展，则有利于学生在文言积累中感受文化和语言的魅力。如《六月二十七日望湖楼醉书》中的"卷地风来忽吹散，望湖楼下水如天"，一个"忽"字写活了"卷地风"的突然和猛烈，黑云翻墨，白雨跳珠，突然消散，天色豁然明亮，既表现了自然景象的变化之快，也反映了诗人内心情绪的转换。像"忽"字这样表现突然的文字，在我们熟悉的诗句中也有妙用，如"忽如一夜春风来，千树万树梨花开"，悄然一夜变，雪景如花开；"李白乘舟将欲行，忽闻岸上踏歌声"，蓦然回首，踏歌送友，情浓意浓；"剑外忽传收蓟北，初闻涕泪满衣裳"，闻有喜讯来，禁不住涕泗横流。这时教师可借助投影补充："常闻绿水曲，忽此相逢遇"，"谓言天涯雪，忽向窗前落"，这两句都是诗仙李白的名句。据统计，李白的诗歌中用到"忽"字的有 78 首，杜甫有 47 首，而北宋诗文大家苏轼有 101 首。"忽"字是文字，更是一种文化现象，既可以以"忽"为中心词写景记事，也可以融情悟理，由一个"忽"字延展出一类诗句，举一反三，指向文化的传承与理解。

　　教师还可以引导学生对同一作者的同一个字进行延展，感受古诗文蕴含的文化与情思。如辛弃疾《清平乐·村居》中的"溪"字在词中出现了 3 次，同一首词中重复一个字多次，在语言精练的古诗文中并不多见，同词重句更是忌讳，这是词人辛弃疾的疏漏，还是有意为之？学生更倾向于"有意为之"，认为词人把自己的情意体现在了一个具体的物象上，这正是"意象"的启蒙。三个"溪"字串起了整首词，"溪上""溪东""溪头"，一条小溪把词中的人和景无痕地融合在一起，这是"溪"字的结构意义，但是"溪"字还有更丰富的内涵。教师呈现辛弃疾词作中含有"溪"的名句"旧时茅店社林边，路转溪桥忽见"，"一生不负溪山债"，"溪边照影行，天在清溪底"，引导学生一边读一边悟，"溪"在词中显，闲适心中留。据统计，在辛弃疾的词作里，"溪"字出现了 131 次，辛弃疾为何偏爱"溪"字？教师补充辛弃疾所处的时代背景：他一生为抗金不懈努力，却遭受排挤和贬谪，在江西农村一待就是 18 年，"醉里挑灯看剑，梦回吹角连营"，梦里都是自己征战沙场的情景，这就是辛弃疾，他是多么希望家国统一与安宁啊。对同一个作者同一个字的延展品悟，可以解密古诗文的意境和作者的心境。在《清平乐·村居》的教学中，教师用一个"溪"字联结成"品语"的学习任务群，在延与展中引领学生感受精练文言、丰实文化的魅力。

　　德国语言学家洪堡特说："语言是有限手段的无限运用。"诗是语言的贵族，最简单的诗歌文字里，却有最丰富的内涵，并在短篇简言里闪耀着万丈光芒，这不仅是诗性、品性、文质，更是语言的力量。朱熹说："读书譬如饮食，从容咀嚼，其味必长。"品味古诗文语言当细嚼慢咽，只有做足"读与诵"，方能品味到古诗文的节奏与音韵之美；只有做透"赏与析"，才能领悟到古诗文的意蕴与语用之妙；只有做实"探与究"，才能理解古诗文的诗眼与文脉之巧；只有做活"延与展"，方能体会到文言文化之魅力。

四、"想象"有为，诗画相生促情智

想象是古诗文教学中的核心语文要素，要引导学生从古诗文的词、句、篇章中想象画面和情境，这是每个学段古诗文教学的重难点。古诗文教学中的想象是指古诗文中文字的基本意义刺激学生的大脑神经，使其建立与文字外事物的联系，经过分解、补充、改造，重新组合创造，形成新的事物。这是一种隐形的高阶思维学习活动。

想象是语文课程标准对古诗文教学的明确要求，学生既要学习想象的方法，也要通过想象学习古诗文。《义务教育语文课程标准（2022年版）》在"课程目标"部分小学学段的"阅读与鉴赏"中，强调"诵读儿歌、儿童诗和浅近的古诗，展开想象，获得初步的情感体验，感受语言的优美""注意在诵读过程中体验情感，展开想象，领悟诗文大意""想象诗歌描述的情境，体会作品的情感"等。

"诗画本一律，天工与清新。"诗画一体是统编小学语文教材中大多数古诗文的样貌，教师可以引导学生通过品"象"、悟"象"、绘"象"打通"诗"和"画"的经脉，让想象成为古诗文教学的主旋律。

（一）多策并举诗歌成"画"

运用多种方法引领孩子读"诗"如"画"。

1. 简笔画

我国情境教学的创始人李吉林老师在上《宿新市徐公店》一课时，就是跟着学生的描述，把诗句变成一幅漂亮的简笔画，呈现在黑板上。

> 我们要把这首诗画成一幅画，你觉得每行诗要画哪些景物呢？（篱落、一径、枝头、儿童、黄蝶、菜花）在这些景物中，蝴蝶要画成黄色的，请你认真读诗，想想"枝头"和"菜花"要画成什么颜色，为什么？（从"叶绿""未成阴"中看出诗人描写的是暮春时节，枝头缀满的应是嫩绿的树叶；从"儿童急走追黄蝶，飞入菜花无处寻"中明白菜花是和蝴蝶同样的颜色，黄黄的）自由读诗，学生动手绘出一幅彩画。

2. 创意画

于永正老师在《草》的教学中让学生画草。有的学生画得特别好，把

风都画出来了，别人的草都是向上生长的，他的草是倒在一边的。于永正老师问："你的草为什么画成这样？""老师，我的画中有春风，风一来，草就倒在一边了。"你看，学生有自己的想象，有自己表现的方式，尽管他们有的画得很稚嫩，但是画里面有他们自己的思想和理解。有时候古诗文的内涵只能意会，不能言传，教师可以积极地让学生用画来展现。

3. 音诗画

笔者在参加江苏省第十八届青年教师小学语文课堂教学观摩暨优课评选活动时，执教《六月二十七日望湖楼醉书》一课，在诗中有画的想象教学中采用了"音诗画"的教学策略。兹录于下。

> 孩子们，一首诗就是一幅画，云、雨、风、水四种自然景物在苏轼笔下成了一幅动态的夏日西湖雨景图，老师也很喜欢这幅图，所以前几天老师一直在练习把它画出来，你们想不想看看？（想）你们就这样直直地看着我，我有点紧张了，请大家闭上眼睛，老师一边画一边读（配乐读）。请大家睁开眼睛，老师画了吗？没有，真没有？有，画在了哪里？教师用朗读把这幅图画画在了孩子们的脑海里，老师用声音把这幅图画画在了同学们的心里——其实最美的画面就在文字中，在你的想象中，会读诗的人一定会把静态的文字读出画面来。你能用生动的语言为我们描绘一下你所看到的画面吗？

当古诗文只能意会不能言传的时候，"想出来""画出来"便是最好的教学策略。

（二）想象补白厚实生趣

诗是酿出来的酒，古代有"诗酒文饭"之说，"诗"与"文"的区别在哪呢？文章只是把米做成了饭，其实它的性状改变不大，但是诗是诗人用心灵酿造出来的美酒，它已经改变了大米的性状。要想把它还原，你就要有品酒的能力，要能够从这酒里面品出五谷杂粮的味道。要达到这一目标靠的是什么？想象！所以说，诗是浓缩的散文，是跳跃的小说。"松下问童子，言师采药去。只在此山中，云深不知处。"这不就是一篇小小说吗？"松下问童子"，诗人是来访问老朋友的，老朋友是一位隐者，可是来到隐者的住处，没有看到隐者本人，诗人很失望，正准备打道回府，突然看到他的徒弟，既然徒弟在，找师父不就很容易了？诗人突然高兴起来，于是就问童子："你师父去哪儿啦？"童子回答："师父采药去了。"诗人高兴了：采药去了，是不是马上就回来了？我是不是马上就可以见到他了？于是又问："在哪里采药啊？""就在这座山里头。""（就在这座山上，是不是我顺着你师父的足迹就可以找到他？）那你师父在山上哪个地方？"童子说："山上林密云深，我也不知道师父在哪儿。"这才是真正的隐者啊！短短一首五言诗，写出了诗人从失望到希望再到失望，一波三折的心路历程，是不是就是一篇小小说？

留白是优秀古诗文的重要特征，好的古诗文总是留有大量的空间让读者去思考、想象。这些留白，或是要说而没有说完的话，或是想表达而没有表达出的心情，或是想描写而没有写完的情境，如此等等。作者借助这些留白营造出特定的意境，给读者留下无限的想象空间。为了促成学生想象的生成，教师在教学时应找准作品中的留白之处，然后鼓励学生去思考、填补。填补空白的过程实质上就是想象的过程。填补留白不是一次就能完成的。初读作品时，学生往往连留白都找不到，此时教师需要进行适度点拨。随着阅读的进一步深入，学生可能会找到某些留白并猜想其可能性。继续往后读或重复读，学生可能会对先前的猜测进行修正。所以，填补作品留白的过程，就是想象的进阶过程。

窦桂梅老师在执教《游园不值》的时候运用想象补白的方式让课堂精彩纷呈。窦老师让学生想象自己是关不住的"红杏"，然后想象"红杏"出墙前后的所见、所闻、所思、所想，想象自己就是作者并与园子的主人对话。学生想得丰富，补得巧妙，说得精彩，课堂趣味横生。《寻隐者不遇》有着无限的想象补白空间，如"松下问童子"，如何问童子？"言师采药去"，童子如何答？这首诗中诗人与童子的对话、神态、心理都是想象的训练点，教师引导学生说一说、演一演，学诗就会趣味横生。

比如《池上》和《清平乐·村居》两首古诗词的组合学习。在引导学生理解两首诗词所表达的情意后，教师可以为学生播放一段充满意趣的音乐，鼓励学生在音乐声中想象并描绘两首诗词所"隐藏"的画面：一座房檐低矮的茅草屋依水而建，溪水清澈见底，溪边长满了绿油油的小草，开满了五颜六色的野花。"白发翁媪"刚刚喝过酒，带着微微的醉意亲密地依偎在一起，用吴地的方言喃喃低语、逗趣取乐。远处的三个孩子也没闲着,正认真地干着自己的活儿,虽忙碌却充满趣味。最小的孩子百无聊赖地趴在溪头,一会儿剥莲蓬,一会儿看看河面上的动静。忽然,他看到一个和他年龄相仿、调皮可爱的小娃娃正一边撑着小艇,一边采着盛开的莲花。小娃娃得意扬扬地划着小船满载而归,以为别人没有发现他"偷采白莲"的举动,没想到荷塘中的浮萍却暴露了他的"踪迹"。学生借助留白通过想象串联了古诗,从而生发出更多有趣的故事。古诗文仿佛是神奇的镜子,学生驻足镜前,观望自己的生活,放飞自己的思绪,从而将两首诗词巧妙地结合起来,用想象填补诗中的空白,突出了"小娃"和"小孩子"的天真可爱、活泼自得。想象引发了学生的同理心和创作欲望,激发学生对古诗进行"再加工",巧妙地创造了"文外之意"。

  王荣生教授认为,浸润式阅读是"用文学的姿态"阅读文学作品的方法之一。所谓浸润,简单地说,即阅读者沉浸在文学作品的虚构世界里,身临其境地感受作品中的形象、情感和趣味。这就需要想象,用想象把自己带入文学作品,从而达到"物我交融"的状态。当想象指向人物的整体印记并以角色模拟的方式介入时,学生可以更深入地浸润到古诗文中,成为古诗文意境中"活在当下"的一部分。这种看似游戏的角色转变,使学生在不知不觉间放飞了另一个意义上的自我——一个脱离了世俗意义的古诗文中的自我。于是,古诗文里的乡野田园之境、童年生活之趣、儿童天性之美便穿越时空,以一种渗透、融入的姿态,与当代儿童的生命产生审美的共鸣,课堂也因此妙趣横生,令人向往。

(三) 设疑想象情智进阶

  在教学《墨梅》一诗时,王崧舟老师巧设疑问,点燃学生的想象之火,让学生的思维向着高阶发展。如:"王冕家的梅花不是种在堂前和屋后,而是种在洗砚池边,你知道为什么吗?"在补充洗砚池的典故后,学生顿悟:"王冕提醒自己要向王羲之学习。"教师进一步提问:"王冕画得越来越好,得意骄傲时……洗砚池仿佛在说什么?"教师聚焦"洗砚池"这个"象",引导学生咀嚼体悟《墨梅》一诗的情味,在反复诵读与融情想象中感受这首诗的情绪和意象。兹将教学过程记录如下。

> 师:王冕家的梅花不是种在堂前,不是种在屋后,而是种在洗砚池边,你知道为什么吗?

生：他想对着梅花画画。

师：你的意思是这样方便画画，对吗？

生：为了闻梅花的香气。

(师出示文中的一段注释)

生：王冕提醒自己要向王羲之学习。

师：累了，洗砚池仿佛在说——

生：不能半途而废。

师：看到其他孩子在放风筝、吹笛子，自己却在画画时，洗砚池好像在说——

生：要坚持下去，坚持到底，永不放弃。

师：王冕以王羲之为榜样，以洗砚池为镜子，开始得意骄傲时，洗砚池仿佛在说——

生：不能骄傲。

古诗文"言简而意丰"，看似寥寥数语，实则内涵深厚。这就要求教师在疏通文句时不能停留在面面俱到式的翻译上，而要引导学生品悟古诗文背后的情味和意蕴。例如，为了引导学生读出《墨梅》一诗蕴藏的那份情、那份爱、那颗心、那种味，王崧舟老师独辟蹊径、别开生面地问："王冕家的梅花不是种在堂前，不是种在屋后，而是种在洗砚池边，你知道为什么吗？"这个问题摆脱了简单的理解诗歌大意的低阶思维训练，而是指引学生聚焦"洗砚池"这个"象"来咀嚼体悟诗句的情味。在王老师的引导下，学生提取、整合文本中的重要信息，在反复诵读与融情想象中感受诗歌的情绪和意象，感悟诗人化用王羲之"临池学书，池水尽黑"的典故。当平面的诗句通过学生的想象生成为一幅幅鲜活的画面、一个个立体的场景时，学生便可以投身其中，感诗人所感，想诗人所想。这时，王老师再以点带面，延展意蕴，串联全诗，步步进阶，学生便可在自然和谐的氛围中明晰作者写梅的用意，理解诗歌的文化内涵。

教师在引导学生想象时，既要关注外在环境，又要聚焦人物行为，通过二者的联结与融合，使学生顺利抵达诗中人物的内心，从而对人物产生整体的感受。比如在《宿新市徐公店》一课的教学中，教师设计了一串疑问构成"想象链":(1)远处的小径上空,飞来了一群黄蝴蝶,你看见了,会怎么做呢?(2)蝴蝶飞呀飞,停到了树枝上,像小树叶一样,你怎么追呢?(3)蝴蝶飞呀飞,飞过了篱笆,你又怎么办呢?(4)蝴蝶飞呀飞,飞到了菜花丛中,这时的你,在想些什么呢?这些"想象链"串联起小径、树木、篱笆、菜花丛等一连串意象,构成了人物生活的背景舞台,使学生在想象中亲历了人物的连续性行为,体会到了人物心理和情感的变化,从而形成"童趣"的整体印记。

想象助力学生把平面的诗句转化成一幅幅鲜活的画面、一幕幕立体的场景,在转化的过程中,学生投身古诗文之中,感作者所感,想作者所想,理解古诗文的文化内涵,不仅心灵受到了熏陶和滋养,同时还提升了分析、综合、想象的高阶思维能力,可谓曼妙丰盈、灵动生辉。

五、"悟情"溯源,文章本是有情物

《易经·系辞上》说:"圣人立象以尽意。"在文学作品中,"象"即形象,"意"即意蕴。意象,寓"意"于"象",就是用来寄托作者主观情志的客观物象。叶嘉莹教授认为,当下的诗词教学就是让诗从抽象变为具体,让今人也能体会当时诗人的感情、心智、意念、理想等,使诗词活起来。景因情而存在,情因景而饱满。对于小学生而言,体验到古诗文之情,也是读古诗文、学古诗文的一个重要目的。"初步情感体验""体验情感""体味情感",这是语文课程标准中在小学低、中、高三个学段关于古诗文"悟情"的学习要求,学段不同,要求不同,表述也不同。

(一)意象文化初悟情

古诗文中的经典意象是一种文化标识,每一类意象都蕴含着独特而稳定的情感。教师在古诗文教学中应关注古诗文中的经典意象,勾连形成微学习任务群。例如小学古诗中的"月文化",教师可以通过建构古诗"月文化"学习任务群,引导学生"回忆月诗""品析'月'字""明晓月文化""体味月情感",并依据学段变化,渐进式扩容,从"初步体验"的触碰,到"体验"的感知,再到感同身受的"体味",逐级提升。

(二)知人论世深体悟

在古诗文教学中,教师引导学生关注诗人所处时代背景("知人"),可以更好地解读古诗文所蕴含的情感和思想("论世")。如《清平乐·

村居》一课，教师在"品语"板块抓住"最喜小儿无赖"中的"喜"字引导学生体悟诗情。教师可在教学中用语言造境（追问），递进式追问"翁媪为何而喜？""翁媪如何喜？""他们这样的'喜'对辛弃疾有着怎样的触动？"第三问就是从词人的角度出发，引导学生洞察其创作的用意。

王崧舟老师在教学《墨梅》时围绕"画中梅"多次提问，引领学生体悟情感，抵达"悟情"的深处，取得了好的教学效果。兹录如下。

> 师：王冕是位大画家，很善于用色，我就纳闷了，梅花为什么不用白色？不用红色？（生茫然）
> 师：我们一起看看王冕的生平资料。（5次"史书记载"）（生读）
> 师：同学们，开头都是"史书记载"，表明这些都是——
> 生：（齐）真实的。
> 师：而且5句的主人都是同一个人——
> 生：（齐）王冕。
> 师：他的态度都是——
> 生：（齐）拒绝。
> （师引读，生补充"拒绝"二字，进一步体会王冕的决心）
> 师：谁能用"淡"组个词？
> 生：淡雅、清淡。

如果不打开学生情感的阀门，古诗文教学就会没有灵魂。在品读"画中梅"环节，王崧舟老师以"梅花为什么不用白色？不用红色？"打开了学生情感的阀门。学生既要在读中感悟，深层次地理解诗句，聚合、提炼、统整文本信息，又要联系教师提供的史料（诗人写作背景）进行分析、抽象、概括，调动多种高阶思维共同参与，感悟梅花外表虽然并不娇艳，但具有神清骨秀、高洁端庄、幽独超逸的内在气质；它不愿用鲜艳的色彩去吸引人、讨好人，求得人们的夸奖，只愿散发缕缕清香，留在天地之间。"不要人夸颜色好，只留清气满乾坤"两句，正是诗人人格的自我写照，展现了诗人鄙视流俗、独善其身、不求功名的品格。

（三）角色体验悟诗情

角色体验是指教师在创设情境后，让学生化身为诗人或诗中人，在具体的情境中展开角色想象，从角色角度体验情感。比如在教学王昌龄《塞下曲》的时候，教师可以通过造境引导学生想象和悟情："面对着这一轮明月，守关征人们的亲人在做什么呢？白发苍苍的父母，遥望边关_____；勤劳善良的妻子，遥望边关_____；天真无邪的孩子，遥望边关_____。"学生化身不同角色展开想象，或动情描述，或倾诉思念。如化身亲人思念征人，"戍守边关的征人们能回到日思夜想的故乡与亲人团聚吗？你从哪里看出来的？""万里长征人未还！"学生在齐声读好这句诗的同时，想象、悟情、诵读有机相融。

六、诵记贯穿，吟哦涵泳有感情

对于小学语文教材中的古诗和浅易文言文，按照课程标准的要求，重点考查的是诵记积累。要实现有效的诵记积累，教师应引导学生在读出意蕴和文化的基础上再读出情趣。所谓读出情趣，一方面是指要读出古诗文所蕴含的情感和意趣，能有滋有味地读，另一方面是指要读出自己的独特感受和审美体验，能有情有意地读。

"诵记"是"诵读"和"记忆（背诵）"的合体。"诵记"既是学习的支架，也是学习的目标，每一次古诗文教学都应该由诵读始，到背诵（记忆）尽。灵性是古诗文的鲜活气脉，诵读正是打开古诗文之门的钥匙。在诵读过程中，教师应要求学生读准节奏、读出韵味、读出意境（画面）、读出情感，层层递进，让诵读帮助学生理解诗意、想象情景和体会情感，达到"书读百遍，其义自见"的功效。

灵性是古诗文的鲜活气脉，教学古诗文，非吟诵不足以入其境、得其神、品其韵。学生纵情诵读，词断情不断，句断意不断，不仅能走进文字所描绘的情怀意境，更能加强文言的语感，最终实现因声求气、文我同一。

语文课程标准特别强调对古诗文的积累，诵读是积累的一条重要途径，但如何让诵读变得有趣味，这是教师必须着力关注的问题。我们都熟悉的中央电视台《经典咏流传》诗词诵读节目采用的就是典型的读唱结合形式，读唱者把古典诗词与现代音律配合起来，以传统、通俗或流行的艺术方式加以表现，达到了较好的传唱效果。比如袁枚的小诗《苔》本不为大家所熟知，但是经过这个节目的传唱，一下子火了起来：

> 白日不到处，青春恰自来。
> 苔花如米小，也学牡丹开。

这首诗在背景歌词中、在支教故事中、在山区孩子纯朴的诵读声中获得了新生。

诗读百遍，其义自明，其情自见。通过诵读，学生能将自己的体会、情感表达出来。通过读，教师可以在课堂上构建教师、学生、作者彼此间心灵相融、情感相通、协调合拍的良好共鸣体，从而提高学生的知识水平、能力、人格、审美、文化等综合素养。古诗文"麻雀虽小，五脏俱全"，教师在指导学生诵读时要注意古诗文的节奏、韵脚和音调，从而恰当地传达出古诗文中的思想感情。

中国古诗文的美感特质除了借助意象传达情意外，更重要的是假借声调、声律等传达情感信息。古代有很多诗文都是可以吟诵的，情意与声音结合，字从音出，字从韵出，传递兴发感动之情。虽然现在的古诗文教学不再要求学生像古人那样摇头晃脑地吟诵，但是教师针对古诗文的特点指导学生诵读，读出诗词的节奏和韵律是必要的。诵读是用语音塑造形象、传达作品思想感情的再创造，是植根于朗读者对作品的理解，再用声音表达出来的再创造。用魏南江教授的话来说，诵读就是"人文精神的音声化"。

古诗文的这一特质启示我们，教师在指导学生有感情地朗读古诗文时，不能搞表层的"舌头的运动"，而要立足"心的运动"。好的诵读既要重视相应的技巧，又不能停留于"唯技巧"的层面，还应讲求有感情地读。有感情地读中的"感情"，首先源于古诗文内在的情感，朗读者要在外显的语言与诗人的情感之间找到巧妙的融通点，在理解的基础上读出作者想要传达的情感；其次源于学生的内心视像，如教学古诗《墨梅》，教师要引导学生在自己的头脑中建构墨梅的意象，并置身于赏梅之境，嗅闻墨梅淡淡的清香。此时，学生的朗读也不是在读别人的话，而是在说自己的话。实现从古诗文本身的情感向自我情感的转变很重要，它能让朗读者成为作者的代言人，为作品中的形象和场面而激动，让深沉的情感喷涌而出。

试将古诗文诵读的具体策略整理如下。

(一) 读出节奏

要读出节奏，必须先了解古诗的节奏。五言绝句一般有两种节奏。一是"二二一"节奏，如"床前/明月/光，疑是/地上/霜"。二是"二一二"节奏，如"危楼/高/百尺，手可/摘/星辰"。但就整首诗来说，"二二一"和"二一二"往往是交错的，如："床前/明月/光，疑是/地上/霜。举头/望/明月，低头/思/故乡。""牧童/骑/黄牛，歌声/振/林樾。意欲/捕/鸣蝉，忽然/闭口/立。"七言绝句一般有三种节奏。一是"二二三"节奏，如"远上/寒山/石径斜，白云/生处/有人家"。二是"二二二一"节奏，如"天门/中断/楚江/开，碧水/东流/至此/回"。三是"二二二一二"节奏，如"水光/潋滟/晴/方好，山色/空蒙/雨/亦奇"。就整首诗来说，跟五言绝句一样，这三种节奏也是呈交错状的，如："泉眼/无声/惜/细流，树阴/照水/爱/晴柔。小荷/才露/尖尖/角，早有/蜻蜓/立/上头。"

(二) 意指诵读

意指诵读是指教师在古诗文教学中，通过问题驱动，在朗读中凸显轻重缓急，用声音"回答问题"。如王崧舟老师在品读"家中梅"环节指导学生朗读"吾家洗砚池头树"时的教学实践，兹录如下。

> 出示：我家洗砚池边树
> (1) 这是谁家的梅花？吾家洗砚池头树。
> (2) 我家的梅花在哪里？吾家洗砚池头树。

意指诵读还体现在对重音的把握上，一般要把握以下两个方面。一是韵脚，如"毕竟西湖六月中，风光不与四时同。接天莲叶无穷碧，映日荷花别样红"这首诗中的"同""红"应该读重音。二是关键字词，如"京口瓜洲一水间，钟山只隔数重山。春风又绿江南岸，明月何时照我还"一诗中的"只""又""何时"应该读重音。韵脚比较好把握，因为具有规定性，关键字词的把握则要根据诗意来确定。

声音裹挟着意义，语言包含着和谐，文字生发着底蕴，朗读造就着美感，这是从有感情的朗读进入持续积累的美好境界。重视朗读首先要尊重学生独特的体验，让学生读出不同的感悟。同时，教师要成为引领学生朗读的组织者、合作者和促进者，让学生渐入佳境，读出层次。

（三）平仄诵读

平仄诵读更能体味古诗文的独特韵味，在中高年段，教师可以尝试在教学中渗透平仄诵读，引导学生读出古诗文的韵律。普通话读音中的第一、第二声可归为平声，第三、第四声可归为仄声。如果按照平声稍长、仄声较短的规则进行吟诵，古诗的节奏感很容易读出来。

1. 平长仄短节奏强

明代释真空的《玉钥匙歌诀》云："平声平道莫低昂，上声高呼猛烈强。去声分明哀远道，入声短促急收藏。"这则歌诀描述了四声的发音特征，从音长的角度看，平长仄短。就是说，平声字发音长一点，仄声字发音短促一点。格律诗讲究平仄，句内平仄相间，句间平仄相对，这就形成了长长短短相互交替的明显节奏。如宋代杨万里的《晓出净慈寺送林子方》一诗，如果用横线"—"表示较长的音，用竖线"｜"表示较短的音，那么，该诗平仄读音的长度即可作如下表示。

> 毕竟西湖六月中，风光不与四时同。
> 仄仄平平仄仄平，平平仄仄仄平平。
> ｜｜——｜｜—，——｜｜｜——。
> 接天莲叶无穷碧，映日荷花别样红。
> 仄平平仄平平仄，仄仄平平仄仄平。
> ｜——｜——｜，｜｜——｜｜—。

按照平声稍长、仄声较短的规则进行吟诵，本诗就具有了明显的节奏感。

2. 平低仄高（平高仄低）音铿锵

古诗吟诵的音高也与平仄有着密切的关系，而且规律明显，那就是平低仄高或者平高仄低，依方言的读音不同而有所差异。赵元任先生论及"依声调作曲"时说："平声总是倾向于低音平音，仄声总是趋向于高音或变度音。"他还明确指出"平仄相连，平低仄高"，但"在北京话里，平声字要比仄声字读得高"。以下是用数字表示平仄读音高低的实例。

> 韩愈《早春呈水部张十八员外》
> 4 4 3 3 2 2 4
> 天街小雨润如酥,
> 平平仄仄仄平平
> 3 3 5 5 2 2 1
> 草色遥看近却无。
> 仄仄平仄仄仄平
> 2 2 5 5 2 2 5
> 最是一年春好处,
> 仄仄仄平平仄仄
> 5 5 3 3 2 2 1
> 绝胜烟柳满皇都。
> 平仄平仄仄平平

　　此例中的数字代表诗句中各个字的音高（简谱记谱法中用1、2、3、4、5、6、7表示音的高低,数字越大音越高）,除了个别例外,明显体现着"平高仄低"的规律。但如果在南方方言区用普通话吟诵则沿用了南方方言习惯,表现为平低仄高。无论是平低仄高还是平高仄低,在音高组合上都是高高低低,跌宕起伏,错落有致。

　　需要说明的是,"平高仄低"或"平低仄高"都是相对的,实际吟诵中,还会根据情感变化和个人习惯等加以调整。此外,音高与音强是不同的概念,有时为了强调某字而读重音,这是音强,不在此列。

　　3. 平直仄曲调悠扬

　　古诗吟诵,除了音长、音高以外,还有一个基本特征：平声字发音比较平直,仄声字发音则婉转曲折有变化。当然,这里所言的直和曲也是相对的,事实上,平声字也不是纯直,经常还有尾部音高下滑,这是平声发音延长的自然趋势。但相对而言,仄声字的变化更多,其音高的典型状态是先降后升,至少包含两个上行音。

　　（四）多元诵读

　　对于同一首古诗,教师应在教学的不同阶段予以不同的诵读指导,而且整节课的诵读呈现方式通常是多元的。如教学《示儿》时可按照这样的教学原则进行诵读指导：初读晓"悲愁"心事，再读明"悲怆"心境，品读知"悲壮"心愿。在初读诗文的基础上，确定悲凉的朗读基调；在精读诗文阶段，引领学生用低沉的语气表达出对祖国前途的忧虑；在研读诗文阶段，引领学生用坚定的语气表现出诗人一生为多难的祖国呐喊的爱国精神。通过以上"三读"的纵深推进，以渐进式、多元化的诵读让学生受到感染和鼓舞。

又如在指导学生诵读体悟《枫桥夜泊》的时候，教师可以提出如下要求："请你紧扣表现时间的一个字，读出节奏；紧扣表现情绪的一个字，读出感情。"学生找出表示时间的"夜"字，诵读时呈现出的是一种夜的宁静，语气语调平和而舒缓。这首诗表示情绪的是"愁"，忧愁、孤独、寂寞，诵读时语气应低缓悠长，似自言自语，又似梦呓。诵读与悟情在这里就实现了共融共生。

（五）造境诵读

通过导语的铺陈形成语言造境是引领学生诵读诗文的好办法。比如在指导《题临安邸》中"西湖歌舞几时休？"这句诗的朗读中，随着课件《清明上河图》的展开，教师感慨地说："多么繁荣的景象，但从金兵跨入城门的那天起，这一切都不存在了，那些酒囊饭袋们葬送了一个繁华美盛的汴州，难道他们就不能再葬送一个风景如画的杭州吗？看到、想到这一切，你急吗？让我们问一问那些权贵！"于是，学生情不自禁地齐声朗读："西湖歌舞几时休？"声音充满了心急如焚的忧虑。教师又说："你们担忧吗？再问！"于是，学生再读，声音里带着深深的忧虑。紧接着，教师又说："你们愤怒吗？指着那些权贵的鼻子再问！"这一次，学生的声音里充满了激愤——自己分明就是那位爱国的诗人，借这简洁凝练的诗句倾诉着无限的愤慨。在这令人心动的"三问"中，学生的每一次朗读都在生成着自己对文本的理解，感受着诗人那颗忧国忧民的心。

又如在讲授王翰的《凉州词》时，到引领学生品味诗歌后两句情感的时候，教师先通过深沉的语言描述当时的战争背景，再通过画面（视频）引导学生揣摩体悟战争的残酷，然后让学生在这样的情境氛围中放声朗读这两句，在诵读中回环，在回环中体悟悲壮。"醉卧沙场君莫笑，古来征战几人回？"战士端起酒杯，一饮而尽，随后吟出了这两句诗。看似脱口而出，轻描淡写，实则沉重深情，悲壮慷慨。老师追问学生："将士们饮下的仅仅是一杯酒吗？这杯酒意味着什么？"学生答："这杯酒意味着分别，意味着死亡，意味着有去无回，意味着战死他乡。"教师追问："喝下这杯酒，你品出了什么味道？"学生有的答："咸味，战士内心伤感，流下了热泪。"有的答："苦味，喝完这杯酒，就要离开故土和亲人，这一别可能就是永别，战士内心苦涩。"还有的答："甜味，战士们明知自己一去不回，但为国而战，依然在所不辞，英雄不怕牺牲。"讨论到这里，学生已然眼角含泪，教师也忍不住眼眶湿润。学生已经走进了诗歌的意境，品味出了那份情感。最后，教师让学生全体起立高声诵读全诗，一时间，课堂气贯长虹，豪迈与悲壮并生。

（六）因声求气

因声求气是指通过感受诗歌语言的节奏来把握作品的精神内核，学生在诵读时应做到声音随文脉而动，随着语言的节奏而抑扬顿挫。如在教学《伯牙绝弦》中"善哉，峨峨兮若泰山""善哉，洋洋兮若江河"的诵读时，就需要教师先追求诵读的因声求气，尤其是"哉"和"兮"的朗读，不但断句要清晰，而且语气词的延长要到位，从而教会学生准确的文言节奏和语气语调。诵读日久，学生以读促思，以读酿情，从声韵中感受到抑扬顿挫、古朴悠然的情味，他们自然就能在心中形成逐渐成熟的文言语感。

古诗文的朗读语调有升调（"↑"）和降调（"↓"）之分。升调要读得重而长，降调要读得轻而短。语调的把握关键在有变化，而不是一调到底。有三种变化情况我们要把握好。一是句中语调变化，如"明月何时（↑）照我（↓）还（↑）"。二是句间语调变化，如"床前明月光（↓），疑是地上霜（↑）。举头望明月（↑），低头思故乡（↓）"。三是整首诗的语调变化，如《静夜思》应该用低沉的语调读，《望庐山瀑布》应该用豪迈的语调读，《绝句（两个黄鹂鸣翠柳）》应该读出喜悦来，《示儿》应该读出哀愁、悲痛，等等。

（七）吟诵涵泳

吟诵是古诗文传统的诵读方式。在古代，诗词文赋大多可吟诵，今人采用吟诵的方式诵读，有利于体会古诗文作品的思想情感，体味作品的审美韵味。吟诵综合运用句读、格律、语法、修辞等相关知识，是一种综合性的语文实践活动。吟诵是一种特别有效果的诵读方式，教学古诗词，非吟诵不足以入其境、得其神、品其韵。吟诵，要求在诵的基础上，讲究平长仄短，讲究平低仄高，讲究依字行腔，就是这个字读什么音，吟出来就是什么音，听起来有点像唱歌，但是它重在读，帮助涵泳和记忆古诗文的内容。吟诵具有鲜明的节奏感和音乐感，有时还会伴随着一定的肢体动作，有了肢体动作的参与，吟诵的过程就会变得更富有参与色彩和表演性，这对于小学生来说充满了吸引力。同时，吟诵的声调与古诗文的意义密切相关，更有利于学生对古诗文的理解，且这样的理解以其直观性而为学生所悦纳。

（八）反复诵读

反复诵读，熟读成诵，是小学阶段古诗文教学最重要的策略之一。古诗文讲究意境美、意蕴美，千万不要用过多的、烦琐的讲解去破坏古诗文的意境。

1. 在反复诵读中生感

"生感"就是兴发感动。诵读能让一个个静止的文字变成流动的声音，让静默的情感变得生动鲜活。有节奏、有韵调的反复诵读更能唤起学生的联想和想象，使学生将古诗文所蕴含的情感、精神内涵与自己的感受、生活产生联结，从而有感于古诗文精妙的意象，有感于古诗文深挚动人的情感，并由此引发深远的思考。

统编小学语文教材三年级下册第一课《古诗三首》（《绝句》《惠崇春江晚景》《三衢道中》）中的每首诗都是描写春景的，每首诗都是一幅美妙的春景图。以《绝句》为例："迟日江山丽，春风花草香。泥融飞燕子，沙暖睡鸳鸯。"四句诗意思浅显，一目了然。如果一边诵读吟咏一边想象，诗中描绘的那种春光明媚、姹紫嫣红、惠风和畅、鸟语花香、暖意融融的景象就能自然而然地呈现在眼前，也就能读出诗情画意来了。

2. 在反复诵读中自悟

古诗文教学虽然讲究析字解句，联系作者的生平经历、时代背景理解诗意，但这些只是领悟古诗文境界的基础，只能让学生跟所学的古诗文靠近一点，再靠近一点，对古诗文的把握终究还得靠学生自己。

学习古诗文时，一些模模糊糊、疑惑不解的诗句，如果放声多读几遍，便会若有所悟，豁然开朗。反复诵读，就是要让学生将优秀的古诗文窨藏在自己的生命里，等待着有一天它们自己能"灵光一现"，化为生命中积极向上的不竭动力。如郑燮《竹石》里的诗句"千磨万击还坚劲，任尔东西南北风"，描述的是不怕困难、坚忍不拔的品质，经过反复诵读，学生定能将这句诗刻进生命中窨藏，遇到挫折时，对这种不畏艰难、勇敢抗争、顽强生存的精神一定会有更深刻的理解。

（九）有感情地诵读

上述八种诵读方法在古诗文教学中因需而用，在课堂的不同时间段采用的诵读方法也有所不同，从开始的初读读出节奏到最后的有感情朗读，构成了诵读的课堂教学体系。但是有感情地朗读是古诗文教学中非常重要的教学任务，往往每一课的课后习题第一题都是这个要求。如何有效落实古诗文教学中的"有感情地朗读"？江苏省作家协会副主席祁智老师在教学五年级下册《古诗三首》时把"有感情地朗读"教到了极致，给小学古诗文教学呈现了可以借鉴的方法和思考，兹录如下。

> "请同学们有感情地朗读《闻官军收河南河北》。"我的要求，来自课文后面的第一个练习。"剑外忽传收蓟北……"学生的声音是"喜"的。"得70分。请同学们第二次有感情地朗读《闻官军收河南河北》。""却看妻子愁何在……"学生的声音是"喜欲狂"的。"得50分。请同学们再一次有感情地朗读《闻官军收河南河北》。""白日放歌须纵酒……"学生的声音是"狂"的。"得0分。"学生都愣住了。听课的老师、专家也愣住了。"大家一定很奇怪，为什么越来越高兴，得分越来越低？"没人能回答我。"因为大家把氛围破坏了。"我说。
>
> 我知道学生会破坏氛围，否则我不会让他们"有感情地朗读"。我事先不提醒，中途不纠正，就是要有一个"现场"，然后处理。这是我教学的抓手、重点。"有感情地朗读"，会成为抓手、重点？是的。否则，课文后面的第一个练习，为什么是"有感情地朗读"？第一个练习，往往是大问题。
>
> 关于《闻官军收河南河北》，有些事不得不说——
>
> 755年，"安史之乱"开始，杜甫的小儿子饿死了。

756年，叛军攻破长安，唐玄宗出逃。太子李亨在宁夏灵武登基，为肃宗。杜甫投奔唐肃宗，半路被叛军俘获，押回长安，写《春望》："国破山河在，城春草木深……"

757年，杜甫逃出长安，投奔唐肃宗，获授左拾遗。后因得罪唐肃宗，被贬。

758年，杜甫开始颠沛流离，写"三吏""三别"。

759年，杜甫辗转到成都。

760年春，杜甫在朋友的帮助下，建草堂安家。

761年，杜甫写《茅屋为秋风所破歌》："安得广厦千万间，大庇天下寒士俱欢颜。"

763年，杜甫作《闻官军收河南河北》，并创作《绝句》："两个黄鹂鸣翠柳，一行白鹭上青天。"

765年，杜甫离开成都，开始了晚年的漂泊。之后的日子，他基本上是在一条小船上度过的。

768年，杜甫到岳阳，写《登岳阳楼》："亲朋无一字，老病有孤舟。"

770年，杜甫与世长辞，终年59岁。没人知道他去世的确切时间，只知道是冬天，在湘江的一条小船上，他年老体衰、饥寒交迫。

杜甫到死也没能回洛阳。

把这些告诉学生，学生"有感情地朗读"课文时，还会那样欢天喜地吗？

至此，就知道课文后第一个练习的妙处，也就明白为什么可以做抓手了。《闻官军收河南河北》公开课上，我列了一串年份，还提到了杜甫写的几首诗。可能会有老师质疑：这不占用课堂时间吗？这些诗学生都能懂吗？讲这些有必要吗？讲这些所需时间约5分钟，两课时，再紧张，5分钟还是能拿得出来的。何况，这个5分钟是在整体设计之中的。时间花在当口上，磨刀不误砍柴工。讲这些当然有必要。杜甫的不朽诗篇，主要写于"安史之乱"时期。"国家不幸诗家幸。"一个国家动荡不堪，是江山社稷、黎民百姓的不幸，但这样的时代也能激发诗人的情感，使其写出惊天地、泣鬼神的篇章。杜甫的笔，全面、真实、深刻地记载了"安史之乱"给唐朝带来的灾难，其人为"诗圣"，其诗为"诗史"。"闻官军收河南河北"，难道不需要"闻"官军收河南河北的前后吗？

不"闻"，只知道"喜欲狂"；"闻"了，才知道为什么"涕泪满衣裳"。

不"闻"，只知道"即从巴峡穿巫峡"；"闻"了，才知道终究有没有"便从襄阳向洛阳"。

不"闻"，只知道"有感情"；"闻"了，才知道什么是"有感情"。

"请同学们有感情地朗读《闻官军收河南河北》。"我说。学生的声音变了，如同喷泉的口被石头压着，如同鸟的翅膀被绳索拴着。我知道，他们突然的变化，很大程度是在"伪装"。但是，他们能"伪装"，就是一个大进步。经过不断体悟，"伪装"会逐渐成"武装"。成长需要过程，永远不要相信速成。

到陆游的《秋夜将晓出篱门迎凉有感》。不着急"有感情地朗读"《秋夜将晓出篱门迎凉有感》，先回忆《示儿》吧："死去元知万事空，但悲不见九州同。王师北定中原日，家祭无忘告乃翁。"——五年级下学期的学生知道《示儿》要更早一些。《示儿》写于1210年元月。这是陆游的"绝命诗"，写完他就离开了人世，终年85岁。《秋夜将晓出篱门迎凉有感》写于1192年秋天，这一年陆游68岁。从1192年到1210年，陆游"望"了王师18年，也没有"见"到王师。不要吝啬时间，把"南望王师又一年"连续吟18遍。陆游望了18年，我们吟18遍的时间都没有吗？吟出泪，吟出血，吟出胆汁，吟出彻夜不眠，吟出《秋夜将晓出篱门迎凉有感》。"望"，是希望，也是失望，但不是绝望，因此继续希望、失望，但不绝望……即使到死，也还在希望，也许还会失望，但永远不会绝望。不肯绝望啊！哪怕明明知道无望！

那么，《从军行》呢？"青海长云暗雪山，孤城遥望玉门关。黄沙百战穿金甲，不破楼兰终不还。"前面两句写环境，后面两句写心情。环境是客观，长云、雪山、孤城。心情是主观，英勇、乐观、豪迈。边塞诗，都是悲壮的。只不过有的"悲"多一些，有的"壮"多一些；有的先"悲"后"壮"，有的先"壮"后"悲"。《从军行》与《秋夜将晓出篱门迎凉有感》的相同之处在于：第一、第二句都是景，第三、第四句都是情；不同之处在于，《秋夜将晓出篱门迎凉有感》景"壮"、情"悲"，《从军行》景"悲"、情"壮"。我在黑板上写了3个词，请学生对照：悲壮、悲伤、悲欢。悲壮：《从军行》；悲伤：《秋夜将晓出篱门迎凉有感》；悲欢：《闻官军收河南河北》。

至此，看文后的第二道练习："借助注释，说说下面诗句的意思，再想想它们表达了诗人怎样的感情。"这个时候，学生不仅能知道意思，也能体会到真的情感。"有感情地朗读"，可以用于任何一篇课文。正因为如此，往往不需要出现在课文的练习里。但是，它出现在《古诗三首》文后，一定有道理。

祁智老师将三首古诗作为一个整体来教学，抓住课后练习第一题"有感情地朗读"教足、教透，在厚实的背景资料烘托下，让学生的朗读情感在对错中走了几个来回，最终找到最恰当的情感，达成了"有感情地朗读"的学习目标。

背诵（记忆）是古诗文学习的重要指标，熟读成诵是常用方式。除此以外，背诵（记忆）还可以采用一些小技巧，比如根据提示字补全诗句、看图画想象诗句、读出篆书（行书）诗文、书法纸上默写诗等。

"六模"古诗文教学策略不是新事物，是笔者与研究团队在前人理论经验和自我实践探究的基础上加以整合、提炼，适当创新而成的通识性教学策略。统编小学语文教材的古诗文教学应遵循语文教学规律、儿童成长特点、课标要求等，合理选取"六模"板块，做到横向勾连有度、纵向推进有序，在不同的古诗文课型中灵活运用。

"六模"新常态，古诗散芬芳。学生在诵记古诗文的过程中体悟作者创作时那一刻的情深，从中获得的熏陶和滋养，将对他们此后漫长的人生产生影响。古诗文离我们并不遥远，它们的存在是古人活过的证明，是古人生命燃烧后留下的痕迹。教师应努力借助教学策略帮助学生将优秀的古诗文窖藏在自己的生命里，化为生命中积极向上的不竭动力。

第二节 "六模"融通任务群

古诗文是中华传统文化宝库中的璀璨明珠，蕴含着中华儿女世代相传的文化基因，镌刻着历史的印记，闪耀着智慧的光芒。古诗文教学是小学语文教学的重要组成部分，肩负着树立文化自信、进行文化传承的重要责任。文化自信、语言运用、思维能力、审美创造是《义务教育语文课程标准（2022年版）》确立的语文课程培养核心素养的四个方面。现行统编小学语文教材中古诗文的数量大幅增加，在新课标背景下如何教学古诗文成为热议话题，特别是新课标中首次提出的"学习任务群"在古诗文教学中应当如何组织与呈现更引起了语文教师的关注。以"六模"为教学支架，建构"学习任务群"是统编小学语文教材中古诗文的教学的有效策略，"六模"古诗文教学与"学习任务群"，二者在新课标中有着共融共通之处。

一、"新课标"里的"六模"因子

统编小学语文教材古诗文学习任务群的设计一定是基于《义务教育语文课程标准（2022年版）》对古诗文教学的目标定位的，笔者对新课标（1—3学段）中涉及古诗文的教学目标表述进行了梳理（表1）。

表1 "新课标"中古诗文教学目标统计表

学段	课程目标学段要求之"阅读与鉴赏"（古诗词相关表述）
第一学段	诵读儿歌、儿童诗和浅近的古诗，展开想象，获得初步的情感体验，感受语言的优美。背诵优秀诗文50篇（段）
第二学段	诵读优秀诗文，注意在诵读过程中体验情感，展开想象，领悟诗文大意。背诵优秀诗文50篇（段）
第三学段	阅读诗歌，大体把握诗意，想象诗歌描述的情境，体会作品的情感。背诵优秀诗文60篇（段），注意通过语调、韵律、节奏等体味作品的内容和情感。

通过梳理我们发现，关于古诗文教学目标的表述主要出现在"课程目标"的"学段要求"中，在"学段要求"中又主要集中在"阅读与鉴赏"

板块。从"阅读与鉴赏"板块关于课程目标的表述中我们提炼出了小学古诗文学习的几个核心关键词:"诵记"(诵读、背诵)、"通言"(领悟大意)、"想象""悟情"(体悟情感)。在新课标"课程内容"的"主题与载体形式"中,有中华优秀传统文化主要载体为古代诗词等的表述。在"内容组织与呈现方式"里,"发展型学习任务群"的表述主要集中在"文学阅读与创意表达"板块,这个板块里关于"教学提示"的表述非常具体:"重视古代诗文的诵读积累,感受文学作品语言、形象、情感等方面的独特魅力和思想内涵,提升审美能力和审美品位。"从这个表述中我们又提炼出一个关键词——"品语"(品析感受语言)。

从目标到实践,最后聚焦到结果考查,即"学业质量"。新课标关于学业质量的表述中涉及古诗文的有:第一学段,"喜欢读古诗,能熟读成诵";第二学段,"乐于参与读书交流活动,能诵读学过的优秀诗文,尝试用不同的语气、语调表达自己的理解与感受";第三学段的表述涉及"诗歌"(古诗文类属于"古代诗歌"范畴)、体现"中华优秀传统文化的作品",具体要求体现在"独立阅读""获取主要内容""用上朗读、复述等自己擅长的方式呈现对作品内容的理解""能用文字、结构图等方式梳理作品的行文思路""品味作品中重要的语句和富有表现力的语言""审美体验"等方面。"喜欢—乐于—独立"渐学渐进,始于兴趣,终于独立,这是语文能力和素养提升的科学成长样态。

诸如诵记、通言、品语、想象、悟情等古诗文学习核心要求都离不开具体而真实的学习情境,整个古诗文的教学也离不开教师独具匠心的"造境(情境创设)"。所谓"六模"古诗文教学,即造境、通言、品语、想象、悟情、诵记,它们是古诗文课堂教学的六个要素,也是新课标学业质量部分对学生古诗文学习的能力和素养要求。古诗文教学应灵活整合这六个教学模块,在情境中教与学。

朗诵记忆(诵记)是古诗文教学的必然目标,是学生语言运用的基础。古诗文距离现在时代久远,因此教学的起点应从疏通诗意(通言)开始。古诗文言简意赅,高度凝练,品味赏析语言文字(品语)、感受其丰富内涵是语文核心素养中语言运用的目标之一。把简洁的文字读丰满,让抽象的文字形象化、具体化,还原古诗文中的画面和情境,这便是想象,想象是指向思维能力的训练。文章本是有情物,凝练的古诗文更是饱含着作者的情感，或慷慨激昂的爱国情，或清新雅致的绘景，或意蕴丰富的说理，这些都蕴含着作者的情感，教师应运用教学策略，引导学生体悟古诗文中的情感（悟情），在情感共鸣中内化古诗文。

上述六大模块既独立存在、逐层推进，又互为补充、渗透融合，形成了课堂教学整体。这六个模块的组合又构成了古诗文课堂学习任务群，每个模块的横向延展构成了教学板块即横连。在横连中，造境和诵记贯穿始终，并融入每个模块。纵向推进模块联结形成课堂架构即纵进，纵进即课堂线型教学流程。六大模块的具体建构如图1所示。

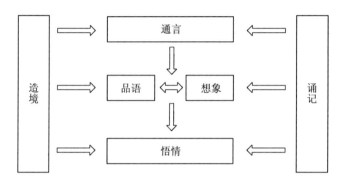

图1　"六模"古诗文教学模块建构示意图

《义务教育语文课程标准（2022年版）》第一次明确提出了语文的六大学习任务群：语言文字积累和梳理、实用性阅读与交流、文学阅读与创意表达、思辨性阅读与表达、整本书阅读和跨学科学习。语文学习任务群是义务教育阶段语文课程内容的主要组织和呈现方式，教师应以学习主题为引领，以学习任务为载体，整合学习内容、情境、方法和资源等要素，设计语文学习任务群。语文学习任务群由相互关联的系列学习任务组成，共同指向学生的核心素养发展，具有情境性、实践性、综合性。"六模"古诗文教学源于新课标，学习任务群则是新课标中前瞻、新颖的标志性理念，二者学理融通，决定着学习任务群视域下"六模"古诗文教学的路径与策略。

二、学习任务群中古诗文的类属

古诗文作为中华优秀传统文化的载体，是语文教学的重要组成部分，教师对新课标学习任务群中关于古诗文类属的论述要读得透、理得清，这样才能有效地设计学习任务群视域下的古诗文教学。在基础型学习任务群"语言文字积累与梳理"任务群的"学习内容"里，小学三个学段都有关于古诗文的相关表述。

第一学段：诵读、记录课内外学到的"短小的古诗"，"感受中华优秀传统文化，养成自主积累的习惯"。

第二学段：诵读、积累"短小的古诗词"，"初步认识中华优秀传统文化蕴含的思想"，"发现、感受语言的表现力和创造力"。

第三学段：诵读"优秀诗文"，分主题梳理自己积累的语言材料，"并尝试运用到日常读写活动中，增强表达效果"。

这里的"短小的古诗""短小的古诗词""优秀诗文"都是对古诗文的精准表述，由此可见新课标学习任务群涵盖了古诗文教学，古诗文教学可以从学习任务群的角度加以设计，而古诗文学习任务群则类属于"语言文字积累与梳理"任务群。

基础型学习任务群"语言文字积累与梳理"任务群"教学提示"中有将语言积累、梳理与体认中华优秀传统文化相结合、诵读材料要选择脍炙人口的千古名篇和名言名句这两项要求，古诗文是中华优秀传统文化的主要内容，其中绝大多数也是千古名篇，并有大量名言名句。

发展型学习任务群"文学阅读与创意表达"的"学习内容"里有"诵读表现自然之美的短小诗文，感受大自然的美景与变化""阅读描绘大自然、表现人类美好情感的诗歌、散文等文学作品"等要求，这里的"短小诗文""诗歌"可能涵盖了古诗文，但不完全等同。在"文学阅读与创意表达"的"教学提示"中，"重视古代诗文的诵读积累，感受文学作品语言、形象、情感等方面的独特魅力和思想内涵，提升审美能力和审美品位"是最精要、最有指向性的表述，"重视"凸显了古诗文在"文学阅读与创意表达"中的分量和意义，"感受"是教与学的内容要点，"提升"则指向核心素养的"审美创造"。

在"思辨性阅读与表达"中，没有明确论述古诗文的教学要求，但是此学习任务群"旨在引导学生在语文实践活动中，通过阅读、比较、推断、质疑、讨论等方式，梳理观点、事实与材料及其关系；辨析态度与立场，辨别是非、善恶、美丑，保持好奇心和求知欲，养成勤学好问的习惯",并做到"负责任、有中心、有条理、重证据地表达,培养理性思维和理性精神"。这样的功能型任务群在古诗文教学设计中可以尝试渗透,特别是结合一些有思辨价值的古诗文进行教学探索。

在拓展型学习任务群的"整本书阅读"和"跨学科学习"中没有明确论述古诗文的教学要求,这里不做赘述。

综上所述,小学古诗文学习任务群的设计类属"语言文字积累与梳理"任务群和"文学阅读与创意表达"任务群,古诗文属于文学范畴,小学学段重在积累,这与新课标教学目标中的古诗文学习要求完全吻合。

三、学习任务群与"六模"的融通

"六模"古诗文教学与学习任务群的核心要义及相关论述中的主要观点有共融相通之处。如在新课标"课程内容"的"内容组织与呈现形式"中有这样的表述:"设计语文学习任务,要围绕特定学习主题,确定具有内在逻辑关联的语文实践活动。语文学习任务群由相互关联的系列学习任务组成,共同指向学生的核心素养发展,具有情境性、实践性、综合性。"

"六模"古诗文教学中的造境、通言、品语、想象、悟情、诵记这六个模块对应着新课标中的"内在逻辑关联的语文实践活动",每个模块都是独立存在的"语文学习任务"。譬如造境与情境性完全匹配吻合,每一篇(首)古诗文的学习,每一节古诗文课,不管是单篇教学还是类篇群诗教学,都有着极强的情境性,创设真实而有意义的情境就是造境的核心旨归。

新课标修订组组长王宁教授最早对"学习任务群"这一概念进行解释:"所谓学习任务群,是在真实情境下,确定与语文核心素养生成、发展、提升相关的人文主题,组织学习资源,设计多样的学习任务,让学生通过阅读与鉴赏、表达与交流、梳理与探究的自主活动,自己去体验环境,完成任务,发展个性,增长思维能力,形成理解和应用系统。"王宁教授还解释了学习任务群的三个要素,即情境、活动、任务。其中,"情境"是指课堂教学内容所涉及的语境;"活动"是指阅读与鉴赏、表达与交流、梳理与探究三件事;"任务"是指"让学生把这三件事综合在一起去解决课程设置的问题"。本研究认为,王宁教授论述中的"情境"对应"六模"中的"造境","阅读与鉴赏"在小学古诗文教学中可以具化为"六模"中的"通言""品语"和"悟情",这三个模块都涉及语言的品析和鉴赏，因此，它们既是模块，也是具体学习任务和活动。

新课标对"语言文字积累与梳理""文学阅读与创意表达"学习任务群的表述对应着小学古诗文教学的"六模"——诵记、造境、通言、品语、悟情、想象。如"语言文字积累与梳理"学习任务群第一学段的学习内容有"诵读、记录课内外学到的成语、谚语、格言警句、儿歌、短小的古诗等，感受中华优秀传统文化，养成自主积累的习惯。"；第二学段的学习内容有"诵读、积累成语典故、中华文化名言、短小的古诗词和新鲜词语、精彩句段等，丰富自己的语汇，分类整理、交流，初步认识中华优秀传统文化蕴含的思想；在语言积累和运用过程中，体会同义词、反义词等词语的作用，发现、感受语言的表现力和创造力"；在第四学段的教学提示中有"选择适宜的学习主题，创设学习情境；激发学生识字、写字、诵读、积累、探究的兴趣，并注意将语言积累、梳理与体认社会主义先进文化、革命文化、中华优秀传统文化相结合；引导学生在识字、写字、语言积累中感受中华文化的魅力，激发热爱中华文化的情感""诵读、积累与梳理，重在培养兴趣、语感和习惯。引导学生增强语言积累和梳理的意识，教给学生语言积累和梳理的方法，注重积累、梳理与运用相结合。诵读材料要选择脍炙人口的千古名篇和名言名句"等表述；而在"文学阅读与创意表达"学习任务群则有"通过整体感知、联想想象，感受文学语言和形象的独特魅力，获得个性化的审美体验；了解文学作品的基本特点，欣赏和评价语言文字作品，提高审美品位"的表述。

具体来看，新课标中的"诵读""积累""记录"对应着"六模"中的"诵记"；"初步认识中华优秀传统文化蕴含的思想"对应着"悟情"；"选择适宜的学习主题，创设学习情境"对应着"造境"；"引导学生增强语言积累和梳理的意识"对应着"通言"；"发现、感受语言的表现力和创造力"对应着"品语"；"联想想象，感受文学语言和形象的独特魅力"对应着"想象"。

由此可见，在新课标语文学习任务群的论述中，涉及古诗文的内容与"六模"古诗文教学中的各个模块是融通的。新课标中语文学习任务群的论述是古诗文学习任务群设计的依据和基础，"六模"是古诗文学习任务群设计的主线、载体和要素。

古诗文的学习任务群设计通常有两种类型，第一种类型是在单篇

（首）古诗文中进行纵向板块式任务群的设计，第二种类型是对多篇（首）古诗文进行整合并进行学习任务群的设计。第二种类型又可以细分为两类。一类是以统编教材中的篇章为教学内容，如《古诗两首》《古诗三首》《古诗文三首》等；还有一类是根据主题情境对相关古诗文加以整合，如对同一作者的诗词、同一主题的诗词、同一情感的诗词进行跨年级勾连等。

（一）"六模"支架，单篇诗词亦成群

单篇古诗文学习任务群的设计既是小学低年级古诗文教学的主要方式，也是小学中高年级教学律诗和词常用的方式。相比于绝句，律诗和词稍长，可以考虑单篇古诗文学习任务群的设计。

单篇诗词的学习任务群设计在小学第一学段相对较多，在统编小学语文教材中，一年级起始阶段就出现了单首古诗，比如一年级语言教材的第一首古诗是"语文园地一""日积月累"中的《咏鹅》。小学语文教材中第一首古诗以"积累（日积月累）"的任务形式出现，教科书编者的意图非常明确，那就是会读、能背、愿意背给大家听即可，如果再往前跨一小步，那就是能初步想象诗中描写的白鹅形象。对这首古诗的教学，在之前的学习中有铺垫。如第二课《金木水火土》"语文园地一"中的"识字加油站"里有古诗："一片两片三四片，五片六片七八片。九片十片无数片，飞入芦花都不见。"这其实就是古诗的启蒙，其格式工整又朗朗上口，既有趣又兼具猜谜和识字的功效。这首铺垫诗学习完后，就学习《咏鹅》。对这首诗，中国的孩子几乎是耳熟能详，滚瓜烂熟，根本不需要老师教。如果作为单篇古诗文学习任务群来设计，我们可以在"白鹅·古诗·神童"（一只白鹅，一幅画，一个故事，一神童，一首古诗，一份情。和孩子们一起读古诗，画古诗，唱古诗）的主题情境中设计 4 个环节、14 个具体任务，具体如下。

环节一：观看视频，说说我眼中的鹅

[学习任务]
1. 观看白鹅戏水视频。
2. 说说看到的白鹅样子，听到的白鹅叫声。

3. 在白鹅的叫声里,你仿佛听到它在说什么?

【设计意图】诵读浅近的古诗,激发学生诵读古诗的兴趣是小学第一学段的相关要求,教师可用视频激发学生的学习兴趣,让学生尝试用自己的语言表达所见,教师适当点化"曲项"(弯曲的脖子),为后文感知古诗做好铺垫,从鹅的叫声中点燃想象的火花。

环节二:读背古诗,正确好听有节奏

[学习任务]

1. 读准字音,读得连贯。
2. 读出节奏,读得响亮。
3. 合作朗读,比赛激趣。
4. 练习背诵,字正腔圆。

【设计意图】朱熹在《训学斋规》中说:凡读书,"须要读得字字响亮。不可误一字,不可少一字,不可多一字,不可倒一字,不可牵强暗记。只是要多诵遍数,自然上口,久远不忘"。诵读古诗必须从读正确开始。一年级是培养学生语感的好时段,教师应引导学生在读正确的基础上尝试连贯诵读,教师示范学生模仿,在教师示范中渗透古诗文朗诵的停连。合作和比赛更是符合小学低年级学生年龄特点的教学活动,教师可以组织学生在比赛中调动他们学习古诗文的积极性。

环节三:画画白鹅,融会贯通特点明

[学习任务]

1. 简笔画画出白鹅。
2. 引导画好"曲项"。
3. 涂色注意"红掌"。

【设计意图】一年级学生更喜欢动手实践,让学生用简笔画的方式画出白鹅,特别要注意画出"曲项""红掌",这不仅是白鹅的特征,更是对《咏鹅》这首古诗理解后形成的特点记忆。

> **环节四：说说作者，用榜样激励成长**
>
> [学习任务]
> 1. 说说画得好的同学。
> 2. 讲讲骆宾王写诗的故事。
> 3. 悟悟"咏"字的情感。
> 4. 跟着古诗新唱《咏鹅》。
>
> 【设计意图】儿童的学习需要榜样的示范和激励，教师让画得好的同学展示图画并说一说，突出"画"和"诗"的对应关系。教师讲讲作者骆宾王创作古诗的故事，在学生的心里种下一颗文学的种子，同时引导学生感受作者对鹅的喜爱之情，尝试有感情地诵记，悟一悟"咏"字。

这里的学习任务群设计是基于第一学段的教学要求，以激趣为先，以"六模"为支架，从造境和想象开始，以诵记贯穿教学始终，通言与画画巧妙融合，并适当初步渗透品语和悟情（抓住"咏"字，品词悟情感）。在"六模"和学习任务群的共同支撑下，教师帮助学生在最近发展区里"跳一跳"，在耳熟能详的基础上进一步理解古诗。

（二）突破壁垒，学段互通再深悟

统编小学语文教材所选的古诗文以名家名篇为多，如李白有9首，王维有6首，苏轼有6首，白居易有5首，杜甫有5首。比较后发现，同一位作者的诗词往往不会集中在同一课中，不管是《古诗二首》《古诗三首》还是《古诗文三首》，一课中都没有同一位作者的诗词。对统编小学语文教材进行梳理规整后，我们发现这些分布在不同年级教材中的名家名篇，有些主题相同，有些格式相近，或多或少都有着融通之处，因此在教学时我们可以突破学段壁垒对教材内容加以整合设计，形成同作者、同主题的组诗教学。

比如，统编小学语文二年级下册第十五课《古诗二首》分别是宋朝诗人杨万里的《晓出净慈寺送林子方》和唐朝诗人杜甫的《绝句（两个黄鹂鸣翠柳）》。对小学语文教材中的古诗文进行梳理后我们可以发现，一年级下册的《小池》与二年级下册的《晓出净慈寺送林子方》既是同一作者，又有共同的内容"荷"，而二年级下册中杜甫的《绝句》和三年级下册中杜甫的《绝句》都是写景名篇，都以"绝句"为题。《小池》《晓出净慈寺送林子方》可组合在一起学习，同一个作者，同写荷花、同写景，纵横比较有不同。杜甫的两首《绝句》组合在一起一同学习，同一个作者以绝句的形式同写春日美景，读诗如画情更浓。下面以《绝句》组诗教学为例，以"六模"为抓手，建构学习任务群，设计主题情境：绝句妙绝，诗画如诗。

环节一：造境识"绝句"

[学习任务]

一、学习"绝"字知诗体

1. 板书"绝"字，指导书写，让学生书空后在书写纸上临摹"绝"字。

2. 理解"绝句"的意思。先查"绝"字，在《新华字典》义项中找"绝句"，了解其含义。小组分工（用部首、音序查）。

3. 明确"绝句"的定义，强化记忆（比较后明确"五绝"和"七绝"的异同）。

二、走近作者激学欲

1. 学生简介自己所了解的杜甫。

2. 学生浏览老师整理的作者资料，发现作者的伟大。

3. 点明一同学习的两首《绝句》。

【设计意图】"绝"是本课的生字，用查字典的方式导引到"绝句"，巧妙灵动，一举多得。利用《新华字典》中对"绝句"的解释，帮助学生记牢"绝句"这一古诗文体的特点。杜甫是学生心目中的伟大诗人，教师设问："你从这段文字中哪里看出来？抓住关键字眼说一说。"从"1400多首"可见杜甫的创作数量之多，"诗中的圣人"不简单，"用诗歌记载历史"更不简单，名气大，与李白齐名，厉害！学生在老师提供的作者简介中了解"伟大诗人"，学习欲望被点燃。学习伟大诗人的同名诗篇《绝句》，学生的学习期待感更足。

环节二：诵读好"绝句"

[学习任务]

一、初读古诗须正确

1. 看清字形读准字。读准"鹂""鹭""行""泊""融""燕""鸳鸯"等字词，学生自由朗读。

2. 指名朗读，读正确。

3. 字音夯实识记"鸟"。

(1) 学习"鹂""鹭""鸳鸯"（形声字）。

(2) 读好"行""泊"（多音字）。

(3) 出示图片感知鸟的特点，记忆字形。

二、同伴互读明节奏

再次指定学生朗读，关注并指导朗读节奏（223、23节奏）。

三、拉长朗读出韵味

1. 学生朗读时有停、有连、有拉长，读出了节奏，也读出了古诗的韵味。点明"停连""押韵"。

2. 老师范读，引导学生发现平仄（"平长仄短"）。

【设计意图】诗歌是声音的艺术，古诗声律合辙押韵，朗朗上口，极具音韵感。因此，吟咏诵读是情境濡染、情感内化的基石与桥梁，须贯穿教学始终。诵读古诗应从读正确开始，在正确的基础上读出节奏，并结合停连、押韵、平仄读出古诗的韵味。在读正确的过程中渗透识字教学，这也是小学低中学段语文教学的基本任务之一。用图片辨识记忆"鸟"（黄鹂、白鹭、鸳鸯）。

环节三：通言知"绝句"

[学习任务]

诗歌如画寻美踪

造境：现在是一个自媒体时代，很多人喜欢用手机拍出自己想要表达的内容，如果让你选其中的一首古诗拍个小视频，你会选哪些景物？

1. 结合注释说说你看到了哪些景物？（白鹭、青天、黄鹂、翠柳、雪、船）

2. 把这些景物串联起来，说说你拍摄出的画面。

(1) 适当点拨"迟日""江山""千秋雪""万里船"。

(2) 倒装句的点拨。

【设计意图】清代诗论家陶虞开在《说杜》一书中指出，杜集中有不少"以诗为画"的作品。这两首《绝句》就是极富诗情画意的佳作。这两首古诗的课后习题都要求学生说说自己想象到的画面，所在单元的语文要素也有"试着一边读一边想象画面"的要求。在读熟的基础上，创设自媒体拍视频的生活情境，让学生结合注释说说诗中描绘的画面，使古诗文教学既是"诗中有画"的寻美之旅，也能通过"疏通语言"理解诗意，一举两得。

环节四：品语、想象融

[学习任务]

1. 绝妙的古诗一定有它的精妙之处，同学们仔细读读古诗，你认为哪些地方写得妙？（板书：词妙）

预设：

(1) 色彩美（黄、白、青、翠）。

(2) 鸟儿多（黄鹂、白鹭、燕子、鸳鸯）。

(3) 数字巧（虚与实：千秋、万里；一行、两个）。

(4) 动词妙（含、睡）。

2. 结合"妙词"，想象"鸣翠柳""上青天"的声音与动态、"花草香"的沁人心脾、"睡鸳鸯"的慵懒情态。

预设：

(1) 黄鹂鸣似唱歌，枝头雀跃。

(2) 白鹭一会儿排成"一"字形，一会儿排成"人"字形。

(3) 燕子忙碌，衔泥筑巢，敏捷飞行。

(4) 睡鸳鸯的闭眼、摇头、抖动羽毛。

【设计意图】诗歌的语言含蓄凝练，杜甫写诗，常常是"吟安一个字,捻断数根须""语不惊人死不休",斟酌再三后的诗歌中有很多用得精妙的字词,引导学生玩味、品析这些字词,既可以使学生加深对诗歌的理解,也提高了学生对语言文字的敏感性。这也是语文核心素养中"审美创造"的要求:通过感受、理解、欣赏、评价语言文字及作品,获得审美经验,提升感受美、发现美的能力。教师引导学生在想象补白中让诗歌呈现的静态画面更饱满,动态画面更立体,并引导学生在语境中言说,以提升表达能力。

环节五:"绝句"添新题

[学习任务]

1. 任选一首添诗题(诗题新颖,说清理由即可)。

2. 杜甫为何以"绝句"为题?说说你的想法。(教师补充创作背景)

【设计意图】为诗歌添加题目的设计意图在于加深学生对古诗的理解,学生拟定的题目符合诗意,有自己的想法即可,教师适当指导,如从内容角度、从情感角度、从原诗中选取关键词语等,初步探索如何运用语言文字表现美、创造美。教师追问学生杜甫为何以"绝句"为题,指向《绝句》的创作背景,为悟情蓄力。

环节六:悟情促诵记

[学习任务]

知人论世再悟诵。

1. 梳理"安史之乱"中杜甫一家的流亡时间图(图2)。

(1) 教师出示"安史之乱"中杜甫一家的流亡时间图,学生思考说感受。("安史之乱"的影响:国家动荡不安,百姓流离失所,处于水深火热之中)

(2) 补充杜甫诗歌名句,理解作者情感。"剑外忽传收蓟北,初闻涕泪满衣裳。却看妻子愁何在,漫卷诗书喜欲狂。"(诵读杜甫生平第一首快诗,感受诗人的激动之情)

2. 古诗中的美景与情感中的希冀。

(1) 寓意美好的意象。

(2) 有感情地诵读和记忆（诵记）。

【设计意图】"门泊东吴万里船"的欣喜，"迟日江山丽"的明媚，赏景、闻香、听鸟鸣等都是安定后的心宽，但思归之情从未变淡。"今春看又过，何日是归年？"这是诗人同名同期作品《绝句》（其二）中的句子。教师引导学生比较着读，便会更多一份悠然的情思。学习古诗文，声情并茂地诵读有助于体悟作品的精神内涵。叶圣陶曾说："所谓美读，就是把作者的感情在读的时候传达出来……激昂处还他个激昂，委婉处还他个委婉。"教师通过引导学生体悟作者的情感，帮助学生进入角色，要求学生在充分理解诗人情感的基础上读出扬抑顿挫、轻重缓急、高扬低回，在含英咀华中感受诗歌涵泳不尽的情味。

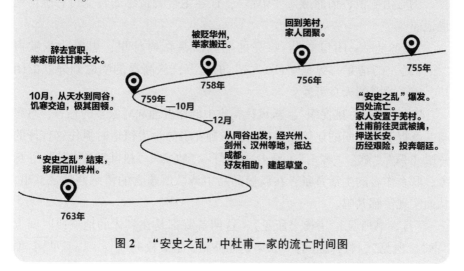

图2 "安史之乱"中杜甫一家的流亡时间图

统编小学语文三年级下册第一单元的语文要素是"试着一边读一边想象画面。体会优美生动的语句。试着把观察到的事物写清楚"。这与"六模"中的诵记、想象、品语完全吻合。如果教师在教学时夯实这几个板块，就能够有效落实语文核心素养的要求。

像上面案例这样的古诗文"重组"主题性很强，同题材、同作者、同类型，在"同"中发现"不同"，呈现出了古诗文教学的别样风采。

再比如统编小学语文二年级下册"语文园地八""日积月累"中清代

查慎行的《舟夜书所见》，三年级上册第一单元"语文园地""日积月累"中清代袁枚的《所见》，三年级上册第四课《古诗三首》中宋代叶绍翁的《夜书所见》，我们可以将它们进行主题统整，开展群诗教学。这几首诗的主题情境可以统整为"所见"与"我见"。"所见"是诗人所看到的，"我见"是我们所看到的，我们不仅要看到诗人的"所见"，更要在学习过程中看到属于我们自己的发现，即"我见"。教师在教学时可以设计三个环节：诗人之"所见"，补充"所见"题，"所见"皆"我见"。

在通言板块，教师可侧重于三首诗的疏通理解，将问题导向"何时""何地""作者所见何"。同时将品语和想象融合，巧抓以下矛盾点。

"一点萤——满河星"：想象"孤光一点萤""满河星"的画面，体悟静与动的美，"孤"和"一点"呼应极妙，从"孤"的孤单冷寂到"满河星"的心情愉悦，悄然融入"悟情"，让学生带着情感的转变再有感情地诵记。

"振林樾——闭口立"：嘹亮的歌声回荡在树林里，想象牧童歌声"振林樾"的情景，想象"闭口立"的情态，从高昂的唱歌到静立的闭口，感受牧童的天真可爱。

"动客情——挑促织"：秋风让羁旅中的作者涌起对家乡的愁思，愁思与儿童捉知了之间的连接点是什么？教师在引导学生悟情时抓住这首诗的诗眼"孤""歌""客情"，结合"渔灯""牧童""梧叶""秋风"等意象，联系作者的生活背景，在读读品品中诗歌所蕴含的情感便呼之欲出，从而实现情感共鸣。

《舟夜书所见》《夜书所见》，这两首诗都是在具体的地点或时间上"书""所见"，教师提问："如果请你补充一下袁枚的《_____所见》，你会在横线上填写什么呢？"一石激起千层浪，学生的思维和热情一下子都被点燃了：《林书所见》《夏日所见》《乐书所见》《趣书所见》……学生从地点、时间、情感等方面加以补充，不仅延展了诗题，对古诗内容与情感的理解也得到了深化。最后教师可再追问："同学们的题目补充既合适又巧妙，那袁枚为何只用'所见'做诗的题目？"这个问题指向了对作者的探索补充，实际上也只有知人论世方可解古诗之妙。孟子曾说："颂其诗，读其书，不知其人，可乎？是以论其世也。"意思就是必须了解作者其人及作者所生活的时代，把作品与作者所处的时代背景联系起来，才能真正理解作者及其作品。这样的学习任务群设计也有利于学生在文学创意阅读的基础上向着思辨性阅读纵深。

（三）跨界融通，诗词文言共赏析

文言文有一个通俗易懂的名字叫"古文"，"古文""古诗"，这二者之间有没有内在的逻辑与联系？清代诗评家吴乔在《答万季野诗问》中对"诗与文之辨"有一个精辟的论述："意喻之米，饭与酒所同出。文喻之炊而为饭，诗喻之酿而为酒。"这段话被后人简缩为"文饭诗酒"。文为饭，诗为酒，原材料都是"米"，即"意"相同，但呈现的形式不同。对于文之畅达，诗之宛转，通过同主题的"古文""古诗"比较学习，就能有较为深刻的理解和体悟。统编小学语文教材五年级上册第二十五课《古人谈读书》和其所属单元"日积月累"中的《观书有感》都是写"读书"的古文和古诗，且《古人谈读书（二）》和《观书有感》的作者都是朱熹。整合这两块内容，以"六模"为教学支架，用学习任务群的形式呈现教学（文学阅读与创意表达），实现古文和古诗的跨界融通，有助于打通中华优秀传统文化学习的"任督二脉"。

不管是古文还是古诗，都需要在教学情境（造境）中通言，以知意，以诵读、品语、想象助悟情。

《古人谈读书》所在单元的语文要素是"根据要求梳理信息，把握内容要点"，第二十五课的书后练习是"借助注释，用自己的话说说课文大意""联系自己的读书体会，说说课文中的哪些内容对你有启发"，教师基于单元素养目标和课时教学目标，以"朱子读书有方法，诗文共学探秘妙"为主题情境，设计了如下5个板块。

环节一：谈成语造境，通言知作者

[学习任务]

成语寻源知朱子

1. 说说"循序渐进""熟读精思"的意思。
2. 点明成语出处（"朱子读书法"）。

投影：朱熹强调读书穷理，认为"为学之道，莫先于穷理；穷理之要，必在于读书"。他的弟子汇集他的训导，概括归纳出6条"朱子读书法"：循序渐进、熟读精思、虚心涵泳、切己体察、着紧用力、居敬持志。

3. 走近朱熹。

（1）阅读作者简介

投影：朱熹（1130—1200），字元晦，又字仲晦，号晦庵，晚称晦翁，谥号文，世称朱文公。宋朝著名的理学家、思想家、哲学家、教育家、诗人，儒学集大成者，世人尊称其为"朱子"。朱熹是唯一非孔子亲传弟子而享祀孔庙的知识分子，位列孔庙大成殿十二哲。朱熹做官清正有为，振举书院建设。官拜焕章阁待制兼侍讲（帝王师），为宋宁宗皇帝讲学。其著作《四书章句集注》成为科举时代钦定的教科书和科举考试的标准。

（2）引导关注：儒学集大成者、帝王师。

4. 明确学习内容《古人谈读书（二）》《观书有感》。

（1）初识辨文体（《古人谈读书（二）》是"古文"，《观书有感》是"古诗"）。

（2）感知同主题（从题目看都是讲"读书"的）。

【设计意图】从熟悉的成语说起，用语言谈话营造学习情境，继而点明"朱子读书法"，简介作者是为了强调关键信息，为下文的知人论世埋下伏笔。熟悉作者也是"六模"古诗文教学通言模块中的重要一环。

环节二：通言明"三到"，"三到"来诵记

[学习任务]

一、诵读释疑说文意

1. 读好（读准字音、正确停顿）。

2. 释疑（关注古今异义词：尝、漫浪、决、急）。

3. 练说（用自己的话说说大意）。

二、梳理信息明"三到"

1. 梳理"三到"：心到、眼到、口到。

2. 理清关系：心到最重要。

$$\text{心不到} \begin{cases} \text{眼看不仔细} \\ \text{口随意诵读} \end{cases} \text{记不住、记不长久}$$

三、活用"三到"巧诵记

1. 尝试诵读记忆。
2. 用"三到"之法来诵记。
3. 再次深悟"心到"的内涵（专注与理解）。

【设计意图】课后习题中有"正确、流利地朗读课文。背诵课文""结合注释，用自己的话说说课文的大意"等要求；单元语文要素中有"根据要求梳理信息，把握内容要点"的要求。每一篇（首）古诗文都是从读开始，在熟读的基础上"疏通语言（通言）"，理解诗意，达成相关学习要求。在通言的基础上进行信息梳理，达成单元语文要素的训练目标。教师指导学生活学活用，用课文的读书方法来读书，在学生完成了效果不明显的尝试后，教师指明"心到"的丰富内涵。

环节三：学习《观书有感》，知大意明道理

[学习任务]

一、诵读中疏通语言

1. 读正确、读出节奏、韵味。
2. 思考《观书有感（其一）》：
(1)"清如许"是什么意思？
(2) 从诗中哪里可以看出方塘"清如许"？
(3) 方塘为何"清如许"？
3. 思考《观书有感（其二）》：
(1)"自在行"是什么意思？
(2) 为什么蒙冲巨舰能"自在行"？

二、质题——通过提问晓其理

1. 诗题是"观书有感"，但是两首诗一首写景，一首写事，为什么？预设：

（1）"源头活水""春水生"告诉我们要不断读书，读书能帮助我们解决困难，不断进步。

（2）"切己体察"读书方法的自我体现。

2. 补充"论水"渊源（孔子观水，朱熹是儒学集大成者、位列孔庙大成殿十二哲）。

三、用"三到"诵记古诗

【设计意图】小学高年级的学生已经掌握了古诗诵读的方法，教师适当点拨即可。用问题导引，既是抓关键词（诗眼）"清如许""自在行"进行解读和品析，也是对诗文大意的梳理，教师引导学生在解疑的过程中理解古诗，"六模"古诗文教学中的通言、品语、诵记得以无痕融入。"诗名为'观书有感'，为何诗中却只字不提读书？"教师先是从诗名入手质疑，打通景、事和哲理之间的区隔。接着融通朱熹之"水"与孔子"观水"的渊源，呼应"作者简介"中的关键词"儒学集大成者，唯一非孔子亲传弟子而享祀孔庙，位列孔庙大成殿十二哲"。

环节四："古文""古诗"共比，梳理中得法

[学习任务]

"文""诗"互比感特点

1. 比较古文和古诗，学生完成表格。

课文		《古人谈读书（二）》	《观书有感》
相同之处		主题	读书
不同之处	文体	古文	古诗
	内容	读书方法	读书感受
	表达	直白	含蓄

2. 适时点拨，交流中强化。

古文：方法明白如话，便于实践操作；

古诗：道理切己体察，借喻说服力强。

【设计意图】比较法是学习任务群教学中常用的手法，目的是在不同文本的比较中求同存异，发现表达的密码。这里运用表格的方式进行信息梳理，也是实现单元语文要素的路径之一。

环节五：创意表达，文体互转

[学习任务]

一、古文缩变成古诗

1. 如果把《古人谈读书（二）》缩写成古诗（五言或七言），你敢挑战一下吗？

2. 学生自己尝试。

3. 教师助力框架（依据学情，可适当留空）。

读书三到

心眼口合一，此读书三到。

漫浪不能记，心到最重要。

读书三到

朱子读书有方法，心专眼看口诵读。

问君何故记不久？定是最急心未驻。

4. 原文和新诗，你更喜欢哪一个？说说你的理由。

预设：原文好，方法说得清楚，可以实践操作，新诗过于笼统。

二、古诗扩展成古文

1. 把《观书有感》扩展成文言散文，等你来挑战！

2. 教师提供支架，学生补充。

例：有方塘约半亩，观之似开一鉴。天之光，云之影，倒映其中，风过之，徘徊摇曳。清明此渠，因何如许？为有源头活水注之。此余观书之感矣。

3. 原诗和扩展的新文言散文你更喜欢哪一个？为什么？

预设：原诗好，朗朗上口，格式工整，读起来有节奏，押韵。语言含蓄凝练，一个"清如许"就串联了整首诗，值得细品。新文言散文显得直白寡淡，读起来拗口，难诵记。

【设计意图】此环节和任务的设计是基于新课标"发展型学习任务群"中"文学阅读与创意表达"学习任务群第三学段的要求："阅

> 读表现人与社会的优秀文学作品,走进广阔的文学艺术世界,学习品味作品语言、欣赏艺术形象,复述印象深刻的故事情节,积累多样的情感体验,学习联想与想象,尝试富有创意地表达。"

教师引导学生尝试进行富有创意的表达,"古文"和"古诗"文体互转是最好的阅读实践。学生在深入学习的基础上进行创作,借助老师提供的框架支持和斟酌字词过程中的智慧点拨等,完成创意表达。创作的过程就是对古文、古诗再深化的过程,同时进行语言特色的再回味。新作和原诗的比较,更是指向朱熹及宋朝文言散文和诗歌的特点。古文改写成诗歌后之所以依然平淡,是因为这是讲方法的文章,介绍的是程序性知识,说清楚、说明白即可,也就是题材决定体裁。古诗扩编成文言散文,味道虽淡,但还是有味道的,好比把酒从瓶子里倒到碗里,依然散发着原诗的味道。

古文、古诗整合学习是一种尝试,既然统编教材中有这样的教学资源,学习任务群理念下建构"六模"古诗文教学也就成了可能。古诗也属于古文范畴,在宋朝,在朱熹的生活年代,题材不同,选择的文体也不尽相同。讲方法须明白如话,选择古文,如"饭"顶饿;说道理譬喻含蓄,选择古诗,如"酒"回甘。在特定的情境下,教师在引领学生通言后,在诵读(记)中品语和悟情(理),在"辨"与"变"中走两个来回,古诗文教学目标就能落进学生心里。

诗风即人格,每个诗人都有自己的风格。中国诗歌鉴赏历来有知人论世的传统。中国诗歌史实际上就是一部诗人的历史。通过统整性阅读,学生可以对历史上有重要影响的诗人及其诗歌风格有初步的感知。

例如,可以整合统编教材中关于诗仙李白的古诗、古文展开教学,即以诗人统整。比如,对四年级下册第六单元第十八课《文言文二则》中的《铁杵成针》和小学学段选取的李白的9首古诗——《古朗月行》(节选)、《静夜思》《赠汪伦》《望庐山瀑布》《夜宿山寺》《望天门山》《早发白帝城》《独坐敬亭山》《黄鹤楼送孟浩然之广陵》进行主题设计。

教师可要求学生把教材中选入两首及以上诗歌的诗人列出来,找出入选诗歌数量最多的几位作者,比如李白(9首)、王维(6首)、苏轼(6

首)、白居易(5首)、杜甫(4首)、王安石(4首)、杨万里(4首)等。诗歌入选数量的多少既与诗人的总体艺术成就有关,也与其诗歌是否适合小学生有关。教师引导学生进行统整阅读,是为了帮助学生初步了解诗人的风格。如李白的《古朗月行》(节选)、《赠汪伦》《望庐山瀑布》《夜宿山寺》《望天门山》《早发白帝城》《独坐敬亭山》等,均采用夸张的艺术手法,以奔放、瑰丽的想象为特色。再如杨万里的诗作《小池》《晓出净慈寺送林子方》《宿新市徐公店》《稚子弄冰》都有鲜明的乡村特色,描写的景物虽平常但作者的观察细腻。以诗人的角度切入进行统整,有利于学生在比较中体会诗歌的不同风格和诗人的创作个性,使学生初步有"个性"的意识,在培养其语言敏感性的同时提升诗歌欣赏的能力。

六年级下册"古诗词诵读"共选入《诗经》中的古诗1首、唐诗3首、宋诗3首、宋词3首,很有代表性。《诗经》为我国古诗之源,唐诗与宋词在我国古典诗歌中最具代表性,这就启示我们,对小学阶段所学古诗词做回顾性学习,可以引导学生以时间为序,把小学语文教材中选入的112首古诗词按照诗歌创作的时间先后进行整理,最后形成一部简明的诗歌发展史,从《诗经》到汉乐府,到南北朝民歌,进而唐宋诗词,再到元明清诗,从而领略中国古代诗歌的发展过程。以时间为序统整后,被选入小学语文教材的这些诗歌打破了原有的在单元主题统领下的编辑方式,形成了中国古代诗歌发展的初步框架和时间轴,有助于学生增强诗歌理解的时空观念,初步形成对中国古代诗歌的时序性把握。

教师在时间轴的基础上引导学生了解每个时间段的诗体特征,如《诗经》为相对自由的四言,乐府诗、民歌则更为自由,从唐代开始则形成了较为严格的格律诗和词、曲。这样一个以时间为序的统整过程,可以让学生从一首一首的诗词学习中跳出来,站到更高处,从发展的角度鸟瞰中国古代诗歌的发展历程,进而从诗词表达形式的角度关注中国古代诗歌。诗歌是语言的艺术,教师引导学生把诗歌体裁的发展历程呈现出来,就给了学生一个大的视野、一个暗示,有助于学生逐步学会从诗歌的发展历程中观察一首诗,推动学生从一首一首诗歌的学习走向对诗歌这一文学门类的把握,即"以诗体统整"进行学习。

"文章合为时而著,诗歌合为事而作。"诗歌既是诗人个体的创作,同时也不可避免地受到时代的影响,特别是一些重大历史事件、政治事件的影响，教学时可以尝试"以事件统整"指导学生学习。比如教学杜甫的诗歌就可以联系"安史之乱"这一历史事件。从"安史之乱"开始，唐朝由盛而衰，在这个时代的转折中，统编教材中的4首杜诗《绝句（迟日江山丽）》《绝句（黄师塔前江水东）》《春夜喜雨》和《绝句（两个黄鹂鸣翠柳）》，实际上都写于杜甫在成都草堂暂居期间，记录了这段短暂而美好的时光，其背后是剧烈的风云变幻和跌宕的人生际遇。因此，用历史事件统整，可以帮助学生透过诗歌表面，更好地了解诗人的内在情感与外部世界的共振。教学时也可以尝试用文学事件来统整，如"李杜"的故事、"苏门四学士"的故事等，均可以用来帮助学生更好地了解诗人所处的时代。

中国诗歌在发展过程中形成了一些典型的题材类别，如送别诗、边塞诗、唱和诗、思乡诗、节令诗、怀古诗等。这些典型的题材类别构成了诗歌在内容与情感上的特定风貌。如李白的《静夜思》、王建的《十五夜望月》，同样是思乡诗，同样写到望月，在意境上却有微妙的区别。而纳兰性德的《长相思》，则在景物、意象、情感上与前两者有很大的差别。再如以"咏物"题材进行统整，咏梅的有王安石的墙角梅、卢钺的雪梅、王冕的墨梅和毛主席笔下的梅，将这些"梅"进行比较，可以看出其在诗歌中既有共性，又有个性，应指导学生根据作者的个性做出相应的解读。

综上，在教学实践中，教师把古诗文按不同题材统整起来，再进行比较阅读，有利于培养学生对古诗文的鉴赏能力，推动学生的情感向细腻的方向发展。

"一切景语皆情语"，古诗文在情感的表达上往往情景交融。从这个角度来说，小学阶段的古诗文教学必须推动学生与古诗文产生情感上的共鸣。可以让学生把明确表达情感的古诗文找出来，即"以情感统整"展开教学。如诗中的"独""喜""愁""闲"等字，就是表达诗人情感的。如"独"，"独在异乡为异客""独钓寒江雪""孤云独去闲"等诗句均是表达作者孤独之情的。如"喜"，有诗题"春夜喜雨"，词句"最喜小儿无赖"等。当然，更有许多不直接表达诗人情感的诗词，如"嫦娥应悔偷灵药，碧海青天夜夜心"中有孤独之情，"长恨春归无觅处，不知转入此中来"中有惊喜之情，等等。这样，随着统整学习的深入，学生对诗歌情感的理解也会逐步深入。

统编小学语文教材中的古诗词不乏饶有童趣之作，如《池上》《小儿垂钓》《所见》《清平乐·村居》《宿新市徐公店》《村居》《四时田园杂兴（昼出耘田夜绩麻）》《夜书所见》等。尽管创作年代不同，作者有别，内容迥异，但童趣类古诗词大多通过对儿童行为的描摹和对儿童生活的再现来刻画具体可感的儿童形象。偷白莲、学垂纶、捕鸣蝉、剥莲蓬、追黄蝶、放纸鸢、学种瓜、挑促织，哪一个场景中没有"忙碌"的儿童？哪一个儿童的生活不鲜活、形象不突出？可见，古诗词里的童趣是基于儿童形象发生和传达出来的。因而，教师也可以从儿童形象入手，对童趣类古诗词进行学习任务群设计。具体可从以下三个方面切入。

1. 儿童的乡野气息

古代诗人笔下的儿童以乡村儿童居多。乡村，属于村落农家，更属于大自然，大自然是儿童成长的摇篮。《池上》《小儿垂钓》《所见》虽着力描写儿童，但从诗中我们可以目睹乡野的自然风貌——河面上浮萍点点，小河边草儿青青，树林里绿荫浓浓；可以体味乡野的原味生活——撑小船、采白莲、坐莓苔、学垂纶、骑黄牛、捕鸣蝉。《清平乐·村居》《宿新市徐公店》《村居》《四时田园杂兴（昼出耘田夜绩麻）》等诗词尽管侧重于乡村风景的描写，但儿童的融入使得景中有人、人亦成景，从而营造出了一个个天人合一的美妙意境。很难想象，如果没有生气勃勃的儿童，那茅檐人家、徐公店前、二月天、农忙时，一定会少了许多趣味。儿童形象之美，美在与大自然的相互依存，相互融合。大自然赋予了儿童生活的色彩，儿童也让大自然更有活力。那一幅幅五彩斑斓的乡村童年生活的美好画卷，无不引起读者对乡村生活的向往和对童年生活的遐思。

2. 儿童的玩耍本能

古诗词中的儿童形象之美，还美在儿童的行为。"玩耍"，是儿童行为的代名词。对于儿童来说，还有什么比玩耍更重要的呢？玩耍，是儿童天经地义的权利，更是儿童与生俱来的本能。儿童的玩耍源于天性中的好奇，是儿童对世界的感知和探索。春天，菜花开了，那飞舞的黄蝶如精灵一般，怎能不吸引儿童奔跑着去追逐？夏天，长在小河中的莲蓬是那么新鲜美味，怎能不让儿童惦念并去"偷采"？秋天，篱笆下的蟋蟀一声声地催促，怎能不让儿童去寻觅它们的踪迹？一年四季，儿童都能各有所玩、各有所乐。即便是诗人眼中儿童的"学"，也是玩耍的另一种姿态。童孙不解耕织之事，竟知种瓜之道？他们耳濡目染，知道种瓜须"傍桑阴"，可是对怎么种却一知半解，否则诗人怎么判断他们是在"学"种瓜呢？学种瓜就像玩"过家家"，一个"学"字，折射出儿童在玩耍中对成人世界的模仿。可见，诗中的儿童形象，不是勤学苦读的小学子，不是知书达礼的小大人，而是泼剌剌、洒脱脱的小顽童。玩耍，让儿童拥有了儿童的模样；玩耍，让童年散发着童年的光彩。

3. 儿童的纯真心灵

古诗词中的儿童形象之美，更美在儿童的心灵——童心。明代思想家李贽在《童心说》中论述的虽是文学创作，但对童心的阐释尤为透彻："夫童心者，真心也……绝假纯真，最初一念之本心也。"李贽认为，童心是心灵的本源，是未受任何外界干扰的最纯真的本心。童心的本质是纯真。纯真，意味着不虚假、不造作，意味着生命的自然及自由。当东风吹起的时候，儿童什么也不顾，赶忙到田野里放风筝；当清香的莲蓬出现在手中的时候，儿童着急做的就是剥开它，哪管自己是什么姿势；当树上的蝉儿开始歌唱的时候，儿童的注意力立刻被吸引，瞬间做出"闭口立"的反应……关注眼前、活在当下，无拘无束、自由自在，这就是儿童的"内在生命力"，是儿童心灵的释放。在饱尝凡尘风雨、深谙世事无常的成人眼里，这是多么可贵！于是，在诗人笔下，童心不仅属于儿童，更代表一种象征着纯真、自由、和谐的美学境界，寄托着诗人所崇尚和追求的审美理想。

古诗文的学习贯穿了整个小学学习阶段，不同学段的学习目标逐层上升，语文学习任务群的类属也从"语言文字积累与梳理"走向"文学阅读与创意表达"。以课标为纲，教师应以学生为本，通过"六模"具化学习任务群的设计，为小学古诗文教学呈现更为丰富的建构方式。

第三节　"六模"导学小古文

下面以《司马光》一课的教学为例，展示"六模"导学小古文的具化策略。

《司马光》是统编小学语文教材中学生学习的第一篇文言文，"第一次"的意义深远，"第一篇"的影响重大，教师在教学中应努力做到文言、文章、文学、文化渗透合一，走好文言文教学第一步。教师应初探学习古文的方法，借助"六模"让文言文与白话文在未来语文学习的历程中巧妙相融，让启蒙与激趣共生。

文言文是中华优秀传统文化宝库中一朵绚丽灿烂的奇葩。它文字简约，却寓理其中，意义深远；它语言凝练，却不失形象生动。《司马光》正是这样的一篇文言文，作者以精练的笔触勾勒出了一个机敏的七岁男孩形象。"众皆弃去，光持石击瓮破之"是这篇文章中的关键词句，是文眼，凸显了司马光的聪颖机智和沉着冷静。

统编小学语文教材增加了古诗文的数量，从三年级开始每学期安排一篇文言文，如《司马光》《守株待兔》《自相矛盾》《精卫填海》等。学生对这些课文的白话文版本非常熟悉，文本理解上不会有太大困难，学习的难度不是太大，但相似的内容表达方式迥异，学生的学习兴趣很容易被点燃。

那《司马光》这样一篇简短的文言文蕴含着怎样的教学价值呢？笔者认为，教科书编者根据课程标准要求、学生心理特点和认知水平等综合考量，其教学价值的定位应该是"蒙""趣"共生，即"文言启蒙"，"呵护学趣"。

"司马光砸缸"作为教材文本最早出现在明代蒙学读本《日记故事》里，其编排目的是滋养蒙童的仁爱之心，启迪蒙童的不凡之智，"仁"和"智"是这个故事的核心思想。到了清末，其核心思想多了"镇定之智"，最终形成了今天统编小学语文教材《司马光》的情感内核——沉着镇定、机智勇敢，思维意义——打破常规、思维创新，文言价值——文言启蒙、文化濡染。蒙学教育的意义不仅仅是培养儿童识记、诵读的能力，更在于保留且滋养儿童向上、向善的本性。作为统编小学语文教材中的第一篇文言文，《司马光》是整个小学阶段文言文学习的开篇，意义深远。文言文的学习为小学生打开了一扇走近历史先贤的文化视窗，铺就了一条汲取中国传统文化精华的通道。学生因此可以穿越时空隧道，在阅读与思考中萌生并持续葆有学习文言文的兴趣，在感知古汉语特色的基础上，为今后的文言文学习打下基础。让文言文与白话文在未来语文学习的历程中巧妙相融，为学生了解祖国文化、积淀文化素养打好基础，是谓国学启蒙。

文言文的教学不能只在解释字词、翻译全文这些无趣又无思维含量的事情上打转。黄厚江老师认为："文言文的教学内容应该包括四方面：一是文言，二是文章，三是文学，四是文化。"小学文言文教学简约而不简单，教师在研读教材、备课设计时要有这方面的渗透意识。基于此，笔者认为小学文言文的教学可以借助"六模"教学策略，围绕"趣"字起承转合设计以下4个板块：

1. 图片造境，辨"器"趣起。
2. 通言诵记，层"读"趣承。
3. 品言析语，"对比"趣转。
4. 想象补白，创"讲"趣合。

一、图片造境，辨"器"趣起

入境始于亲，激趣当为先。任何课型、任何课例都需要营造有效的学习情境（造境）。新颖别致的造境切入会吊足学生的学习胃口，点燃学生学习的兴趣火花。

上课伊始，教师从"瓮"的篆体字导入，▧上面一个"公"，下面一个"瓦"，这个字读 weng，"公"既是声旁也是形旁，是"嗡"的省略，拟"嗡嗡"的声音，▧=▧（公，拟"嗡嗡"响声）+▧（瓦，陶器）。接着教师出示两张陶器图片，一个是"缸"，一个是"瓮"，让学生猜一猜，哪个是瓮。引导学生仔细观察图片，让学生在相似的形状、细微的差别里明白："瓮"是种口小肚大的陶器，在里面说话或震动其外壁时会产生"嗡嗡"回声；常被用来蓄水、蓄米或酿酒。

瓮（口小腹大）　　　　　　　缸（口大矮低）

《司马光》教学片段

师:"有一个故事大家非常熟悉,它和一张图片有关,故事的主人公是司马光,有谁知道吗?来说说看。"

学生简单复述《司马光砸缸》的故事内容。

师:"司马光砸的是缸吗?"

教师相机出示《宋史》中的司马光传记原文,学生快速阅读后会发现司马光砸的是"瓮",并知道掉在口小肚大的瓮中才是最危险的。

师:"其实啊,同学们刚刚说的故事就是源自这几句话,我们刚才说的话写成文字叫'白话文',而书本上呈现的非常简短的文字叫'文言文'。"

教师板书"文言文",生齐读,教师设疑。

师:"文言文和白话文会有什么不同呢?咱们后面一边学课文一边聊。"

"瓮"是课文中非常重要的道具,准确辨识"瓮"的过程既是感受汉字形意相通之妙的过程,有几分文化的味道,又是对脑海中固有记忆"司马光砸缸"这一故事的冲击和挑战,趣味总是发生在对已有知识领域的认识刷新中。课堂开始之初,教师用图片造境,以"缸""瓮"之辨点燃了学生探究课文之趣,是为"趣起",也为下面"登瓮""击瓮""破瓮"做好了铺垫。教师工整板书"文言文"并引领学生齐读,"文言"二字便第一次在学生的脑海中留下了印记。

二、通言诵记,层"读"趣承

古诗文的学习总是"读"字当头,初次接触古文学习更应该读好课文。课文《司马光》很好读,难读的字跟着注音读,不理解的地方跟着注释读,读准字音不成问题。更何况不少学生早已对故事内容了然于胸,结合注释边读边猜,也能自读个七八分。小学阶段文言文的学习,特别是中年级阶段文言文学习不可或缺的一个任务是识字。

片段一:"司"字疏通学习

师:"司马光"是个人名,这个人姓——

生:司马,这是个复姓。

师:你真是个博学的孩子,我们一年级的《姓氏歌》里就有复姓,比如——

生:诸葛、东方、上官、欧阳。

师:当然"司"字还可以有更多的意思,开车的人叫作——

生:司机。

师:我们有的同学的家长是开"公司"的,婚礼上的主持人我们叫他——

生:司仪。

师:打仗时候的总指挥,我们又称他为总——

生:司令。

"司"字通言从复姓入手,延展至现代实用词汇即可。

文言文的朗读从读准字音开始,学生自主放声朗读后老师指名同学来读。

片段二:"没"字辨音,感悟学法

师:你读得字正腔圆,读音正确,声音洪亮,你是怎么做到的?

生:预习时多读几遍,结合文中的注音和注释去读。

师:真好!结合注音和注释去读,这是一种好方法。"没水中"的"没",你也读得正确,你怎么判断它读"mò"的呢?

生:这里的"没"应该是"淹没"的意思,"没水中"就是"淹没在水里",如果读"méi"的话意思上讲不通。

师:掌声送给他!你是一个会思考、会学习的孩子,联系上下文确定字的读音,这也是一种好方法。老师告诉大家,结合注释、联系上下文也是我们理解词语和句子意思的好方法。

通言首先要读正确,接着疏通语言,但不必上成"字字落实,句句翻译"的古汉语课。小学生文言文学习的第一课，教师引导学生初步感知文章大意，知晓"结合注释""联系上下文"的学习方法即可。

读正确很重要，读准节奏更重要，这也是文言文学习的必备技能之一。文言文的句读，学生不懂，需要教师有效引导。"群儿/戏于庭，一儿/登瓮，足跌/没水中。众/皆弃去，光/持石/击瓮/破之，水迸，儿/得活。"像这样夸张一些的停顿节奏会让三年级的学生朗读兴趣大增，因为好玩，有意思，新鲜。"足跌/没水中""光/持石/击瓮/破之"这两个句子的节奏学习应与"结合注释""联系上下文"疏通句意相结合。

训练朗读有不少方法，如：朗读难度升级，将文字竖排来读，再将标点去掉读；朗读难度增加，变成繁体字，竖排，去掉标点读。教师应综合运用多种方法，引导学生在层层渐进中读出古文的味道，在多变的形式中进行挑战性阅读，从读字面到走心、入脑，学生就能够背诵这篇小古文了，不管看到的是繁体字还是简体字，都能读出来。

读很重要，古文学习"读"字当头。"读你千遍不厌倦"更加重要，读要有趣、有序、有理、有效，多样轮读，熟读成诵，诵记的学习目标也就悄然达成了。教师出示不加标点的文言文，学生了解到标点符号在我国只有100多年的历史。教师让学生看到古文的原貌，在学生心中播下一颗优秀传统文化的种子。

三、品言析语，对比趣转

王荣生教授认为：文言文不仅是学习古汉语的语言材料，从文化史上看，是传统文化的精华；从文学史上看，是历久不衰的经典；从课程教学论上看，应该是"定篇"。"定篇"是文学的典范，值得细致品味，而对比则是品言析语的好方法。

片段一

师：今天学的是"司马光击瓮"，"击瓮"用大白话来讲就是"砸缸"，司马光用什么砸缸？

生：石头！

师："司马光拿起石头"在文中有一个简洁的短语叫作——

生："光持石"！

师：同学们，比较一下我们说的"白话文"和课本上的"文言文"，你有什么发现？

生：课本上的文言文字数少。

师：对，这就是文言文的特点啊，文言文简洁精练，所以《司马光击瓮》这篇文章只用30个字就讲清楚了一个故事。

课文中还有哪些字词比我们说的白话文更简洁精练呢？一石激起千层浪，学生于是开始寻觅列举，对比朗读，感受文言文的特点。在这样的比对中，学生对原文的理解也更进了一层。

连续读几遍"司马光拿起石头砸瓮，瓮被砸破了""光持石击瓮破之"，文言文和白话文比较，同学们会发现，像"持石""击瓮""破之"这类文言词句读起来感觉有点文绉绉的，这也是文言文的特点之一，文学的味道更浓。来，让我们学着古人读书的样子，摇摇头，晃晃脑，趣味横生。

片段二

师：我们都有一双慧眼，更有一个神奇的"放大镜"，照一照就能把简短的句子放大，使之变得具体，你能把"群儿戏于庭""放大"吗？

生：一群儿童游戏在庭院。

师：为你点赞，你结合注释适当扩词，一下子就让文言变成了白话。不过，这句白话听起来稍微有点别扭，语序上可以再动一动试试。

生：一群儿童在庭院里做游戏。

师：好！一群儿童在田野里做游戏，就是——

生：群儿戏于田。

师：一群儿童在校园里做游戏，就是——

生：群儿戏于园。

师：棒极了！学习文言文原来如此简单，一个"放大镜"，一个聪明的脑袋，我们都能创作文言文啦！

总之，要呵护初学者对文言文的兴趣，就要让学生感知到文言文与众不同的文化魅力——文言文的简洁与精练，有着独特的文学味道。引导学生进行文白比对，在比对中感知，在朗读中体悟，在模仿中生趣。教师巧设"放大镜"，引导学生"放大"扩词把事情说具体。同时让学生"换用"字词感受文言文语言的凝练。

四、想象补白，创"讲"趣合

海德格尔说："语言乃是家园，我们依靠不断穿越此家园而到达所是。""六模"教学中有想象和悟情板块，想象既是对学生能力的训练，也是体悟作者情感或思想的支架。

片段一

师：同学们，"得活"的这个"一儿"事后会对司马光说些什么呢？大家又会说些什么呢？

生：获救的"一儿"说："我要说声谢谢你，因为有你！"

师：哇，活学活用，歌声里面有谢意。

生："群儿"中的伙伴说："司马光你沉着镇定，机智勇敢，我们都吓得慌了手脚，而你却冷静地想办法，最后用石头砸破了瓮，救出了伙伴，为你点赞。"

师：是啊，这就是聪慧的小司马光，看——"光生七岁，凛然如成人，闻讲《左氏春秋》，爱之，退为家人讲，即了其大旨。自是手不释书，至不知饥渴寒暑。（《宋史·司马光传》）"（教师引领学生朗读，感知大意即可）

师：这就是司马光，天资聪颖，刻苦勤奋，终成大器，成年后的司马光写成了历史巨著《资治通鉴》（投影《资治通鉴》一书的封面）。

创设情境（造境），让学生大胆想象，在表达中感知司马光的卓越品质。

这是一个故事，既然是故事那就得讲，如贴着原文直白讲、想象补白丰富讲、变换角色创意讲等。

> **片段二**
>
> 师：同学们，故事要与人分享，只有绘声绘色地讲出来才是最有趣的，我们可以试着用这样的方式来讲故事——
> 1. 用自己的话讲讲"司马光砸瓮"的故事。
> 2. 转变角色，讲讲"我"的故事。"我"可以是"司马光"，也可以是"群儿"中的一位。

教师抓住文字的真空地带，引导学生通过想象、充实，"添油加醋"地讲出自己的味道。还可以让学生结合书中插图描述生动的情节，描绘饱满的人物，包括人物的表情、动作、语言、心理等。教师可以在学生讲述、想象的基础上绘制思维导图，让后续的创"讲"更完善。学生进行语言练习的过程就是对自己语言思维的训练，在讲的过程中让表达更丰富、更具体，向着绘声绘色地讲的目标迈进。教师也可以对学生进行适当的牵引点化，如由司马光是一位智童引出曹冲、孔融等古代名人中的少年智者等。让小故事变成大场面，让小司马光的形象在故事的讲述中变得形象立体，人物的形象和品质就会在学生的心中自然生成。

教师通过引导学生创"讲"的方式，让学生的思维动起来，从最原始的"翻译"式讲，到发挥想象讲，再到角色变换讲，甚或是添加上辅助动作讲等，多样的"讲"让学生兴味盎然，思维导图的建构又让文言文学习的难度降低，来回的讲练在言语实践中提升着学生的语言品质。

苏霍姆林斯基说："学习文学的最终目的是形成人的内心世界——道德、修养和美。"司马光的沉着与智慧深深感染着每一位学生，在学生幼小的心灵里播下了道德与智慧的种子，这就是一篇简短文言文的文学感染力，于无形之中对学生进行了启蒙。

杜威在《我的教育信条》中写道："兴趣是生长中的能力的信号和象征。"始学趣为先，兴趣永远是最好的老师。三年级学生初次接触文言文，最为重要的教学方法就是激发他们对此类文本持续学习的兴趣。教师通过"六模"导引课堂教学，引导学生识文言，学文章，浸文学，悟文化，在课堂的起承转合中让文言文学习趣味横生。同时，教师运用辨、读、比、讲等有效教学手段层层推进，让学生的兴趣点一直处于高位，在不知不觉中体验到文言文的凝练与妙趣，学习文言文的兴趣与语文核心素养一并提高，在语文学习的道路上为学生点亮了一盏盏语林寻芳之灯，在学生的心田播下了一颗颗国学启蒙的种子。

第四节 "六模""老"诗出"新"味

《静夜思》是统编小学语文教材一年级下册第四单元的第一课，这首诗歌的传诵率非常高，绝大多数学生都能倒背如流，如此耳熟能详的古诗怎样教学才能守正出新？笔者尝试以"六模"为导引展开教学，让"老"古诗学出"新"味道。

一、造境与想象：图片渲染情境点引诗歌之旅

《义务教育语文课程标准（2022年版）》在第一学段"阅读与鉴赏"的要求中有这样的文字表述："借助读物中的图画阅读""诵读儿歌、儿童诗和浅近的古诗，展开想象，获得初步的情感体验，感受语言的优美"。

"作者胸有境，入境始与亲。"古诗文的教学应从营造意境开始，教师用契合主题的意境场域点燃学生的思维和想象。古诗文的教学从美图造境开始，教师选择了一张"月圆如镜，月光如水，似银，似霜"的图片，静美的图画让低年级学生很感兴趣。等学生看得入境了，教师再让学生说一说他们看到的图片——圆圆的月亮，美丽，有山有水。学生给出的词汇虽然简单，但是有着最直观的感受。教师顺势点引："月圆之夜，是一家人团圆的好日子。静静的夜晚，漂泊在外的人看着这明亮的月亮，就会特别思念家乡。"教师再在PPT上投影出诗人的形象，学生立即猜出了诗题"静夜思"，随之而来的就是自然而然的放声背诵，因为他们对这首诗太熟悉了。

二、记诵与品语：方法催化朗读妙有入境

古诗文教学"读"字当头。学生早就对这首诗滚瓜烂熟了，"读"自然不成问题，但是教师在"读"的形式和内涵上需要给学生以点拨。从让

学生读准字音,到教师提供节奏,到去掉节奏符号,再到押韵的点拨,教师引导学生在古诗的朗读方面渐趋渐进,在无形之中推动其朗读水平逐层递升。

<table>
<tr><td>

静夜思

[唐] 李白

床前—明月光,
疑似—地上霜。
举头—望明月,
低头—思故乡。

</td><td>

静夜思

[唐] 李白

床前—明月光—,
疑似—地上霜—。
举头—望明月↗,
低头—思—故—乡—。

</td></tr>
</table>

在学生完成诗歌的背诵之后,教师开始从背诵转向引导识字。教师投影"思"字的古体字,让学生猜一猜、说一说,让学生学习的兴趣更浓。从田、从心。"田"指农田,引申指谷物、粮食。"心"指向"牵挂""考虑"。"田"与"心"联合起来表示"记挂谷物收成""考虑吃饭问题"。"思"的本义:考虑吃饭问题。"思"的引申义:考虑。对"田"和"心"的生动解释使学生既记住了字形,又理解了字义。教师再让学生列举"思"的词组,用常用词组的方式来强化识记。

学生的学习从来不是零起点,教师可以在学生已有语文积累的基础上,让学生的学习热情高涨起来。如可以让学生先初步背一下古诗,然后让他们指着字来读古诗,再把生字拿掉读,把生字拎出来单独读。还可以打乱生字,让学生斑贴恢复原文,在一次又一次的识字互动中记忆字形。

三、通言与悟情:诗眼统领全诗思乡情浓

从形表走向内在,这是深度学习的必然阶段。静静的夜晚,月色明亮,李白在干什么?他在思念故乡。"思"字题目中有,诗句中也有,这个"思"字贯穿全诗,就像是这首诗的眼睛一样。李白为何会思念故乡?开元十四年(726)九月十五日,26岁的李白一个人停留在扬州,他抬望天空一轮皓月,思乡之情油然而生,于是写下了这首传诵千古、中外皆知的名诗《静夜思》。

李白的故乡在哪里?李白的故乡在绵州昌隆县(今四川江油县)的青莲乡(这个地名也是李白"青莲居士"名号的由来),现在他孤身一人漂泊在扬州，九月十五月圆之夜，秋月分外光明，却又是那样悄然清冷。对孤身的远客来说，这样的月光最容易触动旅思愁怀。李白凝望着月亮，不禁产生了遐想，他想到了故乡的一切，想到了家里的亲人。想着，想着，他的头渐渐地低了下去，陷入了沉思。想着，想着，他便写下了这首著名的《静夜思》——月圆之夜，孤独的旅人，思乡，思人，浓情无限。

是床前好像地上秋霜的月光让李白"思"，是夜空中那又圆又亮的明月让李白"思"，是漂泊在遥远他乡的孤独让李白"思"。抬头凝望着那一轮明月，月如此之圆，多少家庭的欢聚团圆让人"思故乡"，床前那清冷似秋霜的月光让人倍感寒意，也更让人"思故乡"之温暖。"思故乡"里有着太多的内容——思念家乡的父老兄弟、亲朋好友，思念家乡的一山一水、一草一木……

一个"思"字统领全诗，一个"思"字尽显孤独和乡情，一个"思"字犹如开启诗歌探秘的"天眼"。怎样"思故乡"？环境的因素：静夜，明月光，疑是地上霜；动作的变化：举头凝望，低头思乡。让学生模仿李白动作、视线的变化，再吟一吟《静夜思》，在想李白的所思内容中，在仿李白的所思动作中，充分感受诗歌的意境，体味诗人那份浓浓的思乡情怀。

王崧舟老师说，一首契合文章主题的乐曲，一个恰当合宜的时间点，二者巧妙相融，学生的心和神将会更直接、更丰富地与作者的灵魂合拍。教师播放一首童声版的《静夜思》合唱曲，那舒缓低沉的曲调，那天籁般清亮走心的童声，一下子就把学生的神与思带入了李白的思乡之境，边听边有学生轻轻地跟着吟唱。一曲终了，教师和学生高声合诵，不需言语的渲染与调动，伴着背景音乐，那份动人的情感朗读就这样来了——音乐让学生的诵读走心，在对古诗的涵泳中，学生对古诗意蕴和情感的理解也更深了一层。

"花间一壶酒，独酌无相亲。举杯邀明月，对影成三人。"这首《月下独酌》中的孤独可见一斑，明月的陪伴更衬托出诗人的孤独。"梦长银汉落，觉罢天星稀。含悲想旧国，泣下谁能挥。"《秋夕旅怀》中的思乡与孤独更进一层，这是《静夜思》的续篇，李白在同时同地又作此篇，那孤独、那思乡之情该是多么浓啊！这类文章的补充可以让学生的诗文积累多一些，主题理解添几分，对传统文化的爱多几许。

类似《静夜思》这样学生早已熟悉的古诗，很多学生都能倒背如流，但那仅仅是会背而已，诗中有字，诗中有韵，诗中有意，诗中有情，诗中有着太多的语文价值。教师以"六模"为导引，整合教学，在学生最熟悉的记忆里添上几笔，那一定是"古诗的味道"。在这样的情况下展开教学，学生识字有量又轻巧，诵读有情又得法，想象有趣又合理。

"六模"教学课例及评析

诗画江南　乐府新唱
——一年级上册第五单元第二课《江南》的教学设计

一、教学内容

《江南》。

二、教学目标

(1) 识字通言：学会本诗中的生字，理解诗句的意思。

(2) 诵记积累：正确、流利地朗读古诗，初步体会古诗的韵味，并背诵古诗。

(3) 想象悟情：结合插图，了解江南水乡人们采莲的情景，感受江南的美丽。

三、教学重点

学会本诗中的生字，正确、流利地朗读和背诵古诗，理解诗句的意思。

四、教学难点

初步体会古诗能读能唱的特点，了解江南水乡人们采莲的情景，感受江南的美丽。

五、教学过程

任务一：初识江南，识字通言

(一) 诗景造境，揭题导入

1. 赏景入境

(出示《江南风景图》) 今天，老师带大家去一个美丽的地方看一看。你们知道这是哪里吗？这就是——江南。

2. 初解"江南"

同学们，你们知道江南在哪儿吗？（出示中国地图）看，地图上这条蓝蓝的带子，就是咱们国家最长的河流，它的名字叫——"长江"。我们一起亲切地呼唤它——"长江"。长江是我们的母亲河，它自西向东流经我国很多省市，所以"江"字的左边是个三点水。请同学们看着老师写一写。（师板书：江）

而长江中下游南边的地方，美丽又富饶，被人们称为"鱼米之乡"，它有一个好听的名字，就叫——"江南"。（师板书：南）

其实，我们苏州就位于江南，让我们一起读好这个诗题吧！（齐读诗题）

3. 简介"诗人"

因为江南实在太美了，古人便创作了一首乐府诗来赞美它。乐府是汉朝时期收集整理民间诗歌的一个机构。这首《江南》不仅能读，还可以唱呢！江南到底美在哪里呢？就让我们跟着乐府诗去欣赏一番吧！

【设计意图】本环节运用了"六模"教学中的造境，教师从优美的风景引入，并通过地理位置的介绍让学生了解"江南"，知道它其实就在我们身边。这样的课堂引入更易激发学生读诗的兴趣，也为后面学这首诗打下了情感基础。

（二）初读感知，识字通言

1. 范读入境

请同学们打开书本，眼睛看着课文，先听老师来读。（师配乐朗读）

2. 自读通言

请大家借助拼音读读课文，注意读准字音、读通句子，不添字、不漏字。（生自读，师巡视）

3. 检查朗读，随文识字

（1）学习生字"莲"和草字头：谁来读读第一句？（指名读，正音）从这句话，你知道了江南有什么？（莲，出示生字）荷花又叫"莲花"，看看这两个字，它们有什么共同点？（出示汉字"荷"，标红草字头）这个偏旁就是草字头，表示荷是植物类。荷花可以叫"莲花"，那么荷叶又可以叫——"莲叶"。（师板画：莲花、莲叶）

（2）学习生字"采"：美丽的荷花里面藏着——莲蓬，莲蓬里结着的是一粒粒——莲子。（师板画：莲蓬）所以，我们采莲采的是什么？是莲蓬。那采莲蓬用的是什么？出示"采"的象形字演变图，请小朋友伸出手跟着做做"采莲人"。（师板画：采莲姑娘的手）

谁再来读读这一句，邀请大家去采莲？（指名读，点评）

（3）学习生字"鱼"：第二句谁来读好它？（指名读，正音）让我们来瞧瞧江南的小鱼儿！出示"鱼"的象形字演变图，你能找出鱼儿的头、身子和尾巴吗？（指名回答；师板画：鱼）真是条有趣的小鱼儿呀，谁再来把这句话读准确？（指名读，点评）

（4）学习生字"东""西""北"：小鱼儿会往哪里游呢，请谁来读读第三句？（指名读，正音）哪几个字表示方向呢？（出示方位图）考考你们，和"南"相对的是——"北"，和"东"相对的是——"西"。

4. 指导朗读

（1）开火车读。

（2）男女对读。

（3）师生合作读，出示停顿：老师读停顿小棒前的部分，学生读停顿小棒后的部分。

【设计意图】本课是学生进入小学以来第一次正式学习古诗，因此读通、读顺成为一大重点。这一环节运用了"六模"教学中的通言，保证学生在教学过程中有充分的时间朗读，并初步认识生字，完成"语言文字积累与梳理"的基础型学习任务。

任务二：品味江南，想象悟情

（一）学习第一句，品荷塘之美

1. 想象画面

江南真是个好地方呀！夏天快要过去了，当荷花的花瓣谢了的时候，莲蓬长大了，莲子也成熟了，这时候，水乡姑娘就划着小船来采摘莲蓬了。（出示第一句）自己读一读，说说你看到了怎样的景色。（生自由读，师指名交流）

2. 结合插图

是呀，荷塘真美呀，莲叶真多呀！刚刚你们所说的，古人用一个词就说出来了，这就是——"何田田"。（出示书本插图）碧绿、茂盛的莲叶一片挨着一片、层层叠叠,好像要把这无边的荷塘都给铺满了。你们能把它美美地读出来吗?自己先试试。

3. 朗读指导

读的时候如果能把后三个字再重读拖长一点,会更有味道哦!

(二)学习第二、第三句,感鱼儿之乐

1. 想象画面

除了莲叶,你还在荷塘里看见了什么?(预设:小鱼,出示第二、第三句)读读这两句,你觉得鱼儿在荷塘里做什么呢?(生自由读,师指名答)

2. 结合插图

听出来了,原来鱼"戏"就是在荷塘里玩耍呢!(出示书本插图)要是你也是荷塘里的小鱼,自由自在地一会儿游到这儿,一会儿和小伙伴捉迷藏,你有什么感觉呢?

3. 朗读指导

想象画面,表演读,读出鱼儿的快乐、自在。

(三)整体感知,悟莲人之乐

1. 情境想象

假如现在我们就是其中一位采莲人,亲眼看到了这种景象,你的心情如何?想说些什么?想做些什么?(生自由表达感受)

2. 小结

江南的景色这么优美,荷塘里的鱼儿这么可爱,还即将收获又大又多的莲蓬,我们怎么能不欢乐呢?

【设计意图】新课标在第一学段的"文学阅读与创意表达"学习任务群中提出:"诵读表现自然之美的短小诗文,感受大自然的美景与变化。""六模"教学十分注重学生对文字的品味、对画面的想象、对情感的体悟,本环节由浅入深,结合现有书本插图,帮助学生理解诗句的大意,引导他们代入江南图景,成为一尾鱼、一位采莲人,从而真正获得美的享受与快乐的体验。

任务三:记诵江南,声情合一

教师引导学生美读诵记,感受古诗的韵味。

（1）配乐齐读：让我们一边想象这画面，一边美美地读这首诗。

（2）吟咏唱和：其实啊，这节课一开始我们就提过，乐府诗还可以唱呢！想听听吗？（师范唱）

汉乐府诗共有12类，今天学习的《江南》是其中的相和歌辞，可以一人领唱，众人和唱。让我们一起来合作试试吧！老师领唱，你们可以跟着和。（合作两遍，第一遍看文字，第二遍只看板画）

【设计意图】乐府诗是一种特殊的诗体，具有可唱性。教师通过配乐、唱和的方式，引领学生美读诗文，发挥想象，培养语感，强化诵记。

任务四：书写江南，延伸课外

（一）指导书写，积累汉字

（1）回顾生字：采莲蓬游戏，读准莲蓬下藏着的生字，就可以把它"摘"回家。

（2）学习"可""东"二字，认识新笔画"竖钩"。

① 观察比较，这两个字有哪些相同的笔画？（标红笔画"竖钩"）

② 范写，指导要点："东"一横平平稳又稳，撇折折在横中线，左右两点要对称。"可"一横平，口写小，竖钩挺。

③ 学生描一个写一个，教师巡视，反馈评价，学生再写一个。

（3）学习"西"字，认识新笔画"竖弯"。

① 字谜：一儿钻进大洞里。

② 教师范写，指导学生记忆：太阳从"西"边落下，这时候大家就要回家休息了。这个字就像是鸟巢，有两只鸟儿正躲在里面睡觉呢！小鸟的身体蜷缩起来，所以就形成了"竖弯"这个笔画。

③ 学生描一个写一个，教师巡视，反馈评价，学生再写一个。

【设计意图】低年级的古诗教学同样要关注到学生基础的夯实。本环节教写本课生字，采用的教学方式增强了趣味性。教师对"西"的字形进行重点指导，包括在前面识字通言的过程中曾两次运用到象形字演变图，这些都是汉字文化的渗透。

（二）拓展延伸，文化渗透

1. 抒情总结

诗人白居易曾说："江南好，风景旧曾谙。"同学们是生长在江南的水乡人，希望同学们也能用自己的眼睛去发现更多的江南美景，并跟大家分享哦！

2. 实践延伸

（1）我是小诗人，诵读有关江南的其他古诗。

（2）我是小画家，给古诗配上一幅插画。

（3）我是小导游，为家人介绍一下江南美景。

【设计意图】教师以诗句作结，引导学生再次感受诗与江南的契合，也激发学生课后继续走进江南的学习热情，在深入江南好景的过程中浸润生命。课后的作业不仅可以指向语文学科的学习，也可以适当延展，将"江南"作为一个跨学科的微任务群来继续深入探究。

点评

本课是一年级上册中"识字""汉语拼音"后的第一篇古诗课文，如何让学生在如一张白纸时就逐步养成正确的古诗文阅读习惯，激发学生对古诗文的兴趣，是一个教学难点。对于低年级的学生来说，造境、通言、诵记是基本的，但想象、悟情、品语这些环节也同样重要，教师可以适当降低难度，以更贴合学情。

新课伊始，教师由江南美景导入创设情境，设置基础型任务，引导学生初读古诗。在自读、范读、合作读等多种形式的朗读中，教师用音乐、图画、言语等方式渲染课文情境，让学生展开想象，获得初步的情感体验，感受古诗语言的优美。最后，教师再次抓住乐府诗能吟唱的特点，极大地激发学生的学诗热情，构建动态生动的课堂教学。板画的设计也十分切合"诗画江南"，使教学更富直观性、趣味性。

（教学设计：苏州市枫桥中心小学张悦蓉；评析：郑先猛）

有情、有境、有味，游览祖国好河山
——二年级上册第八课《古诗二首》第一课时教学设计

一、教学内容

《登鹳雀楼》。

二、教学目标

(1) 能正确认读6个生字，会写4个生字。

(2) 读诗句、想象画面，体会"只有站得高，才能看得远"的道理。

(3) 有感情地朗读和背诵这首诗。

三、教学过程

任务一：了解背景，知晓诗人生平

(一) 谈话导入，故事揭题

(1) 读万卷书，行万里路。同学们，你们都去过哪些地方旅游？哪个景点给你留下了深刻印象？

(2) 我国唐朝有一位大诗人，名叫王之涣。一天傍晚，他来到黄河岸边，看到夕阳挨着群山慢慢落下，余晖染红了天边，滚滚的黄河水浩浩荡荡流向大海。他不禁感叹：这里的景色太美了！可是他并不满足，还想看到更远的风景。同学们，你们能从图上找一个更好的观测点吗？

(3) 出示鹳雀楼的图片。读一遍楼名。这座楼上经常会有鹳雀停歇休息，因此得名"鹳雀楼"。鹳雀楼位于山西省永济市，前面可以看见中条山，下面紧临黄河，大诗人王之涣登上鹳雀楼后思绪飞扬，挥笔写下一首诗，题目就叫——（生读）"登鹳雀楼"。

(二) 初识诗人，了解生平

(1) 通过预习，你了解了哪些关于诗人王之涣的信息呢？

预设1：字季凌，山西太原人。

预设2：擅长写五言诗，尤其擅长写边塞风光。

预设3：受人污蔑而辞官。

(2) 这节课我们就跟随诗人王之涣到鹳雀楼去赏景。教师板书课题，解诗题，相机教学"楼"字，进行书写指导。出示"娄"的古文字和造字情景图，让学生说说描绘了什么场景，提示"娄"有层层叠叠的意思，加上木字旁，就是用木头等建成的一层层的房子。

【设计意图】学生的兴趣点和猎奇乐趣应当是有共性的，教师在教学的时候讲一些小故事，通过"六模"中的造境，即对鹳雀楼这一名楼进行语言描述，以营造古诗的学习氛围，让学生心向往之，从而让课堂的核心注意力更持久。教师引导学生了解诗人和写诗背景，不仅考查了学生的文学素养，也为后续对这首诗的学习打下了基础。

任务二：读出节奏，初感古诗魅力

（一）初读古诗，识记生字

（1）第一遍自由朗读：借助拼音，读准字音，读通诗句。古诗中出现的生字，可以多读几遍。

（2）指名读，老师评价。

（3）老师去掉拼音指名读。学生评价。

（4）合作读。指名一人领读。

（5）同学们读准了古诗里面的生字，现在这些生字走出了古诗，你们还认识吗？

（二）再读古诗，读出韵味

（1）数一数，这首诗每行几个字？一共几行？老师告诉大家，每一行5个字，一共4行诗句组成的诗我们把它叫作"五言绝句"。读这样的诗，不是只读准字音就行了，还要根据一定的节奏来读。接下来听老师范读，请大家竖起小耳朵仔细听哦。

（2）谁来告诉大家，老师在哪里读出了停顿？（每行第二个字后稍作停顿）

（3）有了这独特的节奏，我们就可以把古诗读得更有韵律感了。根据老师帮你们划分出来的节奏自由读一读这首诗，看看能不能读出古诗的韵律美。

（4）老师指名读并评价，指导学生读出古诗的韵律和节奏。

（5）请大家学着他的样子一起读一读。

（6）你们的朗读让老师仿佛登上了那座鹳雀楼。

【设计意图】教师运用多种朗读形式，让学生在反复的朗读中认识课文生字，读通古诗，以此落实识字教学任务。在读出节奏这部分，以教师范读为先，让学生感受诗歌的节奏美，并读出古诗的停顿，为"六模"的通言和品语打下基础。

任务三：想象画面，与诗人共赏景

（一）细读古诗，想象画面

古人说，诗中有画，画中有诗。读古诗不仅要读正确，读出节奏感，还要读出画面。让我们再次走进古诗，看看诗人欣赏到了什么。先读读古诗，然后圈画出作者看到的景物。

（二）品悟景物，诵读悟情

1. "白日依山尽"

读这句诗时同学们仿佛看到了什么画面？（看到了"白日""山"）

（1）什么是"白日"呢？为什么画成红色的？（这里的"白日"指明亮的太阳，不是白颜色的太阳）

（2）理解"依"：白日在天上，山在地上，它们离得很远，可是诗人用一个"依"字把它们联系到了一起。谁知道白日应该在哪里，才是"白日依山"？（相机教学生"依"字）

预设1：学生知道意思。师总结：像这样靠得很近，都碰到对方的衣服了，就叫"依"。指导学生组词，理解字义。（依靠）

预设2：每次从爷爷奶奶、外公外婆家回来，我总是依依不舍地不肯走；每天晚上，小文总要依偎在妈妈身边听故事。现在你知道白日应该在哪个位置了吗？

（3）理解"尽"：时间一点点流逝，再过一会儿，太阳就走到哪个位置了？（傍晚，日落西山）（出示：尽）看这个字，是不是就像一座大山？太阳一点点地落下去，再下去就不见了。

（4）结合图画说说"依山"的意思，提示"尽"就是"消失"的意思，太阳快落山了，快要看不见了。

（5）指导朗读：太阳是慢慢地、慢慢地挨着群山往下落，可在诗人的眼里，太阳走得太快，转眼就落山了。时间过得真快啊！所以，"白日"可以读得短促一些，这样才能表达诗人对时间飞逝的不舍。（生读）短短5个字，却给了我们无尽的想象，诗人多希望时间可以走得慢一点啊，"依"字可以读得再慢一些。再读这神奇的5个字。

2. "黄河入海流"

找出诗中的景物"黄河""海"。

(1) 出示图。你仿佛看到了什么样的画面？（看见了黄河水浩浩荡荡向大海奔去）

(2) 这是怎样的黄河？（愤怒的、波涛汹涌的、宽阔的黄河）

(3) 你们看到了，王之涣也看到了。出示黄河流经区域示意图。诗人王之涣站在鹳雀楼上望着这条母亲河浩浩荡荡奔腾到海。你能读出这种壮观的景象吗？

(4) 学生读，老师评价。

(5) 想象画面美读：红通通的太阳靠着山慢慢地落下，多美呀！黄河奔腾不息，向东流入大海，多有气势啊！这黄河水有多长，老师想听你们读出来。教师要求学生边想象画面边读。

（三）想象有方，助力悟情

1. "欲穷千里目，更上一层楼"

(1) 同学们，这一刻王之涣看到这样的风景，有什么感受？（真美啊；这样美丽的风景想再多看一会儿；山的那边有什么呢?）

(2) 那要怎样才能看到更多的风景呢？王之涣这样说——

(3) "欲"字在这里是什么意思呢？（想要，"欲"字左边是"欠"，古文字里就是一个人叹出一口气，为什么叹气呢？因为它有像山谷那么大、那么多想要的东西，这个字就是"欲"）诗人想要什么？（想要看到更远处的景物）就必须怎样？

对，站得高看得远，想要看得更远，就要更上一层楼。

2. 配乐朗读

诗人王之涣来到了鹳雀楼，他看见——

登高望远是件多么愉快的事，王之涣不禁吟诵起来——

3. 小结

读到这里，诗人把我们的目光从黄河拉到了他自己的身上，他告诉我们：要想成就大事业，就要有更开阔的眼界和更远大的志向。

【设计意图】此环节教师紧抓"六模"中的品语与想象展开教学。抓住诗中主要意象进行语言的品味，通过画面，让学生直观形象地感受诗人笔下壮阔的景象，从而感悟诗歌的意境，并在读中体会诗歌的含义。教师再抓住一些关键字词指导学生朗读。这样既可达到初步品读语言的目的，也能让学生在读中悟，"六模"中的悟情也就水到渠成。

任务四：语用实践，多样诵记悟情

（一）背诵古诗，语用实践

（1）同学们学了这首诗后，想知道诗人是怎么欣赏景物的吗？

"白日依山尽，黄河入海流"，这两句作者是按什么顺序观察的？（由远到近）想要看得更远一些，诗人需要怎么做？（再往上登一层楼）诗人不仅按照一定的顺序观察景物，还写出了自己的想法，这就是观察的好方法。

（2）如果请你做小导游，向同学和家人介绍鹳雀楼，你会介绍哪些内容？

预设1：黄昏日落、连绵的山。

预设2：滚滚黄河水。

预设3：登楼望远的感悟。

（3）出示评价要点：讲解礼貌、自然，景物介绍内容完整、语言晓畅。同桌之间交流。

（4）请一组学生上前做小导游介绍鹳雀楼，老师评价、学生评价。

（5）试着背一背。

（二）小结延展，悟情更深

这首诗之所以流传至今，是因为最后两句诗，它告诉了我们"只有站得高，才能看得远"的道理（齐读"欲穷千里目，更上一层楼"）。"欲穷千里目，更上一层楼"是千古名句，我们也可以用最后两句诗来激励别人更加努力地学习。

当人们做事情累了的时候，我们可以这样激励他们——

当我们学习上取得了一定的成绩想放松一下时，可以这样激励自己——

【设计意图】根据课标要求，二年级是需要写话的阶段，在古诗的教学中教师也可以渗透"写什么""怎么写"，这样做对提高学生的表达能力有益，也能使学生的品语能力有所提升。在这一部分，教师要让学生学以致用，创设具体的情境，以此检验学生是否理解古诗的意思。

任务五：观察比较，写好生字新词

（一）关键笔画写好

（1）"楼""依"：左右结构，左窄右宽。"楼"右边的"女"要写得舒展，最后一横要向左边穿插。

（2）"尽""层"：尸字头。"层"，多横等距。

（二）老师范写、学生书空

老师范写，学生练写，老师巡视，纠正写字姿势，写完后投屏评议。

【设计意图】低学段的生字教学是很重要的，在此环节教师要巩固学生的写字技巧，教会学生仔细看，认结构，找主笔画。

点评

课堂初始，教师讲解"鹳雀楼"名字的由来，贯彻"六模"中的造境，抓住低年级学生的兴趣点，引起学生学习古诗的兴趣。运用复沓读的形式，通过带拼音读、去拼音读、合作读、划分节奏读等多种形式引导学生在读中感受古诗的韵味，为通言和品语作铺垫。接着利用诗画结合的方法让学生找出写景诗句描绘的景象，并进行想象，将脑海中的景象用自己的语言表述出来，以此融入古诗。在此期间，教师相机出示课文中要认、要写的生字，将随文和集中识字结合起来。这是一首哲理诗，对于低年级的学生而言读出哲理诗的内涵有一定难度，教师在学习任务群设计中要让学生通过"六模"中的想象，想一想诗人登上鹳雀楼后看到的美景，与诗人心意互通，以此达到悟情。最后通过生活中的一些情境让学生填空，使学生更好地理解诗中蕴含的"站得高，看得远"的哲理。

（教学设计：苏州市枫桥中心小学宋佩坤；评析：施燕璟）

踏上神奇想象之旅
——二年级上册第十九课《古诗二首》第二课时教学设计

一、教学内容

《敕勒歌》。

二、教学目标

（1）认识5个生字，会写"阴"等字。

（2）能有感情地朗读古诗，把握古诗的节奏和韵律，背诵古诗。

（3）结合课文插图展开想象，感受大草原的高远辽阔和敕勒族人民热爱家乡的情感。

三、教学过程

任务一：了解游牧民族，走进诗中草原

（一）激趣导入

同学们，这学期我们一起领略了黄山奇石的秀丽神奇，欣赏了日月潭的美丽风光，感受了葡萄沟真"是个好地方"，今天老师想带你们再欣赏一个美丽的地方。（播放视频）看看这是哪？用一句完整的话形容一下这个地方。（这是美丽的大草原）

（二）释题通言

（1）南北朝时期，北方有一个游牧民族，这个民族的人民就生活在这辽阔的大草原上，他们是敕勒族（板书"敕勒"）。敕勒族人民能歌善舞，草原上流传着一首与他们有关的优美民歌，它叫《敕勒歌》。"敕"是翘舌音，要读对。齐读课题。

（2）这首民歌被整理收集在《乐府诗集》中，今天就让我们一起走进这首民歌。

【设计意图】教师从诗题入手，引情入文，引起学生的阅读期待，营造大草原的情景，疏通课题，为理解古诗作铺垫。

任务二：初读诗歌，多样诵读感受诗味

（一）多种形式朗读诗歌

（1）自由朗读这首诗歌，注意把课文中圈出来的生字字音读准。（指名检测，相机正音）

（2）重点关注"穹庐""笼盖""见"的读音是否正确。

① 出示词语"天似穹庐""笼盖四野""天苍苍""见牛羊"，请小老师带读词语。

②"见牛羊"中的"见"为什么读音同"现"呢？（这里是显现、出现的意思）

小结学习方法：根据意思来确定读音。

（3）点名读诗。

（二）把握节奏，感知意境

（1）你发现这首诗歌与之前学的古诗有什么不同吗？这首诗歌每行字数不同，可以借助标点符号来划分。老师范读。

（2）读诗词时，我们要在标点符号的地方停顿，逗号处停得短一些，句号处停顿稍长一些。同时，还可以请节奏停顿线来帮忙。

（3）同桌互相读，互相评价。指名读，老师评价。齐读。

【设计意图】低年级学生初学古诗词，教师要注重范读，让学生从教师的范读中感受到古诗词的美，然后再让学生自由朗读，达到读准字音、读通诗句、读出节奏的目标，为"六模"中的通言和诵记，即理解诗意与声情并茂地吟诵作铺垫。

任务三：展开想象，感受不一样的草原风光

（一）想象画面，读懂诗境

敕勒族人民生活在连绵起伏的阴山脚下，快看看，那是一片怎样的大草原？（辽阔的、到处是牛羊、长满了草……）

那么诗中是怎样描写这片大草原的呢？请同学们画一画你找到的句子。

1. 第一句：敕勒川，阴山下，天似穹庐，笼盖四野

（1）敕勒族生活在哪儿？（敕勒川，阴山下）

（2）看看图，猜一猜哪一座是阴山？同学们刚才猜的全是阴山。仔细看看，阴山是一座怎样的山脉呢？（连绵起伏、很高）是啊，阴山是绵延几百公里的一座山脉，最高的地方海拔有 2000 米，高耸入云呢！在这连绵不断的阴山脚下，居住的正是敕勒族人民。

（3）新旧知识比较理解"川"。（师出示："遥看瀑布挂前川"图片）这两个"川"的意思一样吗？请大家看字典里的两种意思，选一选。小结：同一个字，在不同的语境中意思是有所不同的，我们要联系上下文去理解。"川"在这里的意思是"草原"。

（4）抓住"似"和"盖"，图文对照，感受天的辽阔。

①"似"是什么意思？（像）天像什么？（像穹庐）出示图片理解"穹庐"，就是他们住的大帐篷的屋顶。"穹"是指隆起的呈拱形的东西。我们看天空，它的中间好像是高高隆起的，所以我们称天空为"苍穹"。"庐"也是简易的房子。"穹庐"是游牧民族住的毡帐，也就是中间高高隆起呈半圆形的简易房屋。（出示：蒙古包图片）那么，"天似穹庐"用的是什么修辞手法呢？对，是比喻。

② 想象自己走进蒙古包向上看，你会有什么样的感觉？

"笼盖"是什么意思？观察字形，怎么记住？

穹庐是牧民们的家，蓝蓝的天空下那美丽的大草原是他们幸福的家园。我们加上动作读一读。

（5）想象画面，说一说：

（一望无际）的敕勒川，在（高大巍峨）的阴山下。

天空好像（巨大的屋顶），笼罩着（辽阔的草原）。

（6）指导读好大草原的广阔壮美。

2. 第二句：天苍苍，野茫茫，风吹草低见牛羊

（1）什么颜色的天笼盖住了怎样的草原呢？

①"苍苍"形容不同事物时有不同的含义。自古以来就有许多文人墨客喜欢用"苍苍"形容不同事物。

②"茫茫"：一般我们说什么茫茫呢？"茫茫"表示辽阔无边。

你还知道哪些地方可以用上"苍苍""茫茫"？看图：

白发苍苍——头发白白的，松柏苍苍——松柏绿绿的；

大海茫茫——大海没有边际，云海茫茫——云雾浓厚，看不清楚。

小结："苍苍""茫茫"并不只有这一个意思，形容不同事物的时候有不同的含义。

③ 此时，你看到了敕勒川（ ）的天空和（ ）的草原。看到这样的天空和草原，你不禁吟诵起：天苍苍，野茫茫。

（2）这时，忽然一阵风吹来，你看到了什么？

"见"和"现"读音相同，意思相同，表示出现的意思。

是啊，这里草很高，一阵风吹过，草儿低下了头，牛羊就都出现了。

（3）风把草吹弯了才能看见牛羊，在一高一低、一静一动的情景中你

看到了什么？

你看，在这片辽阔而安静的草原上，突然吹来一阵风，吹低了丰茂的牧草，露出成群的牛羊。它们有的……有的……有的……（出示图片，练习说话）

你听，晚霞中，初生的羊羔呼唤着羊妈妈发出——咩咩的叫声。老牛呼唤走远的牛犊发出——哞哞的叫声。

（4）宁静的草原，因为牛羊的出现，顿时热闹起来，这是一幅多么动静合一的画面啊！这就是——风吹草低见牛羊。

这成群的牛羊，不正是敕勒人民安居乐业的希望吗？这肥壮的牛羊，就是敕勒人民幸福生活的象征啊！这就是——风吹草低见牛羊！

（二）诵读诗句，升华情感

（1）如果你的家乡就在这片美丽富饶的大草原上，你的心情怎么样？你想对自己的家乡说些什么？教师指导学生读出对这片土地的赞美与热爱。

（2）敕勒人民正是因为喜欢自己的家乡，热爱自己的家乡，所以把它写下来，编成了歌。可是整首诗中并没有"我爱你，家乡！"这样的句子，而是通过对自然景象的描写来表达对家乡的热爱之情，这就是含蓄的写作手法，有耐人寻味的艺术效果，这也是这首诗流传千古的原因之一。

（3）让我们在这美景中一起背诵这首千古流传的诗歌吧！（齐诵）

（4）诗歌不仅可以读、可以背，还能唱出来呢！（播放视频，跟着哼唱）

【设计意图】在低年级古诗词教学中，教师可引导学生在理解诗意时结合插图和学生已有的知识经验，发挥想象并吟诵。只有这样，才能再现古诗词的意境与内容，让学生在玩中学。动静结合的表现手法是本诗的一大亮点，以动衬静，更体现了牛羊的无忧无虑和牧民安居乐业的幸福生活，这首诗的情感也就自然而然地表现出来了。

任务四：诗歌拓展，古诗名句巧勾连

（一）朗读描写草原的诗句

同学们，在诗歌的长廊中，还有很多赞美草原的诗句，为我们展现了一幅幅秀丽的草原风景图，我们一起来读一读。

"草色青青柳色浓""悠悠芳草碧连天""烟波与春草,千里同一色"。

(二)想象画面,交流诗句意思

【设计意图】课程标准建议小学第一学段的学生"诵读儿歌、儿童诗和浅近的古诗,展开想象,获得初步的情感体验,感受语言的优美"。在文学阅读与创意表达方面,教师遵循新课标中"诵读表现自然之美的短小诗文,感受大自然的美景与变化"的要求,简单地设计"1+X"的学习内容,进行延展,提升学生的语文素养。

任务五:书写生字,感受汉字美

(一)观察生字,指导书写

(1)回顾写字注意点:一看笔画笔顺对不对,二看间架结构稳不稳,三看关键笔画准不准。

(2)出示左右结构的生字:阴、似、野。

"阴""似"左窄右宽,"野"左右等宽。"野"的第七笔为提。

(3)出示上下结构的生字:苍、茫。

这两个字有什么共同点?

草字头,扁扁的。"茫"的上下两部分齐平,"苍"撇捺要舒展。小结:遇伸展,横变短,撇捺展。无伸展,横拉长,像帽子,盖下方。

(二)学生书写,教师点评

(1)学生独立书写,教师巡视,提醒写字姿势。

(2)集中点评,从书写是否正确、是否规范、是否整洁等角度来点评。

【设计意图】现代汉字的字形是"写"出来的。教师指导写字,讲清楚笔顺与笔形的关系,使学生知其所以然,既激发学生的写字兴趣,又使学生提高了写字质量。

点评

在理解诗意环节,教师让学生在画面的观察和想象中朗读第一句诗,强调对"似"的理解,感受比喻的生动形象,读出敕勒川、阴山和天的特点,感受草原的辽阔壮美。第二句则指导学生从更远的角度来欣赏敕勒川的美景，通过对"见"的学习，感受牛羊之趣。动静结合也是这首诗的特点，教师通过造境，营造草原牛羊无忧无虑、敕勒民幸福生活的意境，让学生多次诵读，感受草原的辽阔美、色彩美、动静皆美。在课堂教学中，教师把朗读作为有效的学习方法，让学生在此基础上感受诗歌中的美景和游牧民族的生活，从而为想象画面和体会情感做抓手，这样再落实"六模"中的诵记就比较容易了。

（教学设计：苏州市枫桥中心小学宋佩坤；评析：施燕璟）

春景诗，这里"读"好！
——二年级下册第一课《古诗二首》第一课时教学设计

一、教学内容
《村居》。

二、教学目标
（1）认识"莺""拂"等11个生字，会写"诗""村"等8个字，积累"堤""柳"等生字拓展的词语。

（2）能正确、流利地朗读古诗，背诵古诗。

（3）想象画面，能用自己的话说出诗句描绘的春天美景。

三、教学过程

任务一：造境感春之旋律

（一）造境渲染，引入古诗

1. 谈话热身

引导学生背诵关于春天的古诗。

2. 音乐渲染

伴着美妙的旋律哼唱《春天在哪里》。

3. 语言造境，引入课题

（1）师：花红柳绿，流水潺潺，活泼可爱的小黄莺在枝头欢快地唱着歌,多么美好的春光啊!听着这美妙的旋律,让我想到古人所说,古诗可以吟,可以诵,也可以唱。今天我们将要学习的第一课就是两首描绘美好春景的古诗。

(2)相机板书"古诗二首",并指导"诗"字的书写。

提示学生:诗,就是通过有节奏和有韵律的语言抒发情感,所以"诗"是言字旁,写时要注意左窄右宽,右边的"寺"是声旁,第三笔横画最长,三横之间的距离相等。

4. 诵读古诗,初感意境

(1)初读《村居》。清代诗人高鼎的《村居》就像一幅色彩缤纷、生机盎然的乡村春景图。教师引导学生借助拼音尝试读这首诗。

(2)链接《咏柳》一诗。唐代诗人贺知章的《咏柳》更是把对柳树的赞美引向对春天的赞美。教师再次引导学生尝试借助拼音读诗。

(3)伏笔铺垫。古诗要想吟好、诵好,关键在于诵读者对诗文的理解。今天我们就要通过想象画面,理解诗歌内容,在诵读诗歌中感受春天的美好。

【设计意图】这里教师采用"六模"教学中的造境方法,通过开场动情的语言描绘色彩明丽的春天,唤醒学生的记忆感受,使学生自然地进入情境,产生学习兴趣。教师播放音乐造境:用欢快的乐曲渲染情景,奠定本节课欢快的基调。

(二)释题通言,了解作者

师:同学们,老师想带大家穿越到150多年前的清朝,看看那时的春天和那时的小伙伴们。

(1)课件出示课题,教师板书:村居。随机指导学生"村"字的书写,"春"是形声字,它属于——(左形右声),"木"表示材质,"寸"是声旁,还有手持之意,整个字形表示用木材搭建定居的邑舍。书写时要注意——(左窄右宽),教师范写,学生书空。

(2)学生用"村"组词。预设:乡村、山村、农村。

(3)教师板书:"居"。"居"能组什么词?预设:居住、居所。

(4)师:那你知道村居的意思吗?没错,"村"就是——乡村,"居"就是——居住。"村居"就是——在乡村居住。诗人高鼎正居住在江西上饶一带的村庄中,他生于清代后期,当时战乱频繁,社会很不安定,本想为国尽力的高鼎因在朝廷中受到一系列的打击和排挤，无法实现自己的抱负，加上年岁渐老，最终决定离开一切纷扰，归隐田园，安度余生。《村居》这首诗所描绘的正是诗人在村子里生活时亲眼见到的景象。

【设计意图】疏通语言，通过将"村""居"两个字组词理解题目意思。

任务二：探秘诗中的春天

（一）多元诵读，读出画面

（1）出示课件，借助图画欣赏诗文。

（2）请同学们学着播音员的声音，自己再读一读。边读边想象画面，说说这是什么季节，你们看到了什么，听到什么。

预设：这是春季。（从"二月天"了解到诗中描写的季节和时间）

草儿已经发芽生长，黄莺边飞边唧唧地叫（教师追问："莺"用鸟做部首，说明这是一种——鸟）杨柳被风吹拂（教师相机出示书后"练习三"中的词语并配以画面：河堤、堤岸；吹拂、春风拂面；杨柳、柳条），孩子们正在放风筝（纸鸢就是风筝）。

（3）出示诗中描写景物的词语。

师：我们一起再来读读这些词语。学生齐读："草长莺飞""拂堤""杨柳""儿童""纸鸢"。

师：这首诗虽然只有4句，却为我们描绘了这么多的景物。古诗词啊，就是这样简洁。这28个字简直就是一幅生机勃勃的山村春景图。请同学们把书合上，静静地听，细细地品，默默地想。（教师配乐范读，然后要求学生展开想象再读）

【设计意图】教师要求学生读通词语、读通诗句并初步想象画面，为学生下文感知春天做铺垫。

（二）想象画面，感受诗情

1. 教师引导学生想象画面，进行诵读指导

（1）学习第一句。

师："草长莺飞二月天"。（教师板书：草、鸟）谁能用词语来形容？你看到了怎样的草？（学生自由发言）你看到了什么样的鸟？（学生再次自由想象）同学们的想象力真丰富啊，嫩绿的草，展翅飞翔的黄鹂鸟。诗

人并没有写颜色，但这一"绿"、一"黄"明艳的色彩，和这一"长"、一"飞"的动态，已经给我们带来了春天到来的直观感受。来，我们一起读这一句（指名再读）。

（2）学习第二句。

师："拂堤杨柳醉春烟"。（板书：树）你看到了什么样的树？（预设：长出绿叶的杨柳树）你还看到了什么样的树？（被风轻轻吹拂的树）这些树长在哪儿？（预设：长长的堤岸上）鲜嫩又细长的柳条，在春风的吹拂下，轻柔地扫在长堤上，远远望去，仿佛地上腾起了一片碧绿的——青烟，这正是独属于春天的一份温柔。展开想象，再来读读这句诗。

春风轻柔，娇弱摇摆的杨柳轻扫着长堤，这真是让人沉醉的春景呀！

教师指名再读，全班齐读。

教师指着板书小结：绿草、飞鸟、长堤上的杨柳树，短短两句就把美丽的景色融进了我们的脑海之中。同学们想象着美丽的画面，再来读好这两句。

（3）学习后两句。

师：这首诗不仅有景，还有人。谁来读读这两句？（出示：儿童散学归来早，忙趁东风放纸鸢）请同学读。这里的人是谁？（板书：儿童。教师相机指导学生观察"童"字的构字特点，提示上边"立"的第二横最长，学生书空）

师：作者把目光对准了刚放学的孩子们，这是因为——他们"归来早"。村子里的大人们都在哪里？（教师让学生自由猜测，并说说猜测的依据）俗话说："一年之计在于春。"此时的人们正忙着播种呢！这首诗前两句写景，后两句写人（教师板书：景→人），更让我们感受到春天那万物复苏、欣欣向荣的美丽景象（教师指名读后两句）。

2. 介绍风筝，了解中华传统艺术

（1）教师出示风筝图，让学生猜想"纸鸢"这个名字的由来。

你们看这是什么？（风筝）教师指着风筝："你们看它们在天上飞着，像什么？"（鸟）那"鸢"的意思就是——鸟，"纸鸢"就是——用纸做的鸟。你们可真棒！借助部首就能猜想到字义，这可真是好方法！

（2）介绍中华传统艺术——风筝。

放风筝是古人春天里最钟情的活动之一。连张择端的《清明上河图》

中都出现了放风筝的场景。想不想看看？（出示课件）

风筝，南方习惯称为"鹞"，北方称为"鸢"。它是一种娱乐用的传统手工艺制品，通常以竹篾为骨架，将纸或绢糊在骨架之上，用长线系着，乘着风势让其高飞上天。

东周的墨子用三年的时间制成了一只木鸢，这只木鸢在天上飞了一天。西方飞行器专家研究认为，这是人类有史以来最早的飞行器。后来，鲁班改用竹子做成了一只鹊，这只鹊在天上足足飞了三天三夜。可以说木鸢和木鹊就是纸鸢的前身，距今约有 2400 年的历史了。到了西汉，造纸术日益精进，人们开始用木头或竹子做骨架，用纸来裱糊鸢。因此木鸢也就渐渐被纸鸢代替了。"风筝"这个名词始于五代时期，人们在纸鸢的头部镶上一支竹笛，风吹笛子的声音就像"筝"（出示乐器古筝）发出的声音一样，于是它便有了"风筝"的俗名。小小的风筝，寄托了人类最早的飞天梦想，承载了人类无上的智慧。

教师引读"儿童散学归来早，忙趁东风放纸鸢"。听了老师的介绍，你一定也想散学归来——

我仿佛看到了四下跑动的小身影，似乎听到了悦耳的欢笑声——

小小的风筝，承载着一个个美好的希望——

像你们这样，小小的年纪，正像一年中的春天，充满生机，饱含希望。此时的诗人看到他们高兴玩耍的样子与眼前美丽的春景交相辉映，心情一定是无比的——（高兴、喜悦……）

你就是诗人，带着此时的心情吟诵这整首诗吧！（先是指名读，然后要求全班齐读，要求学生读出重音和语气）

【设计意图】"六模"教学之"想象"与"悟情"：理解感受古诗离不开想象，"六模"教学能使学生将古诗所描写的人、事、景、物与自己的生活经验进行关联，通过想象与联想，将春天的景色与活动具化为可看可摸的真实经验，从而感受诗歌所表达的情思。

任务三：回声重叠巧诵记

教师引导学生用多种方式诵读和背诵古诗。

今天老师教大家一种回声重叠式的读法。

（1）师生配合读；生生配合读；同桌配合读。

师：这种方式是不是很有意思？希望同学们能经常练习。其实无论采用哪种诵读的方法，关键都是要表达内心的情感，想象诗中的那一幅幅画面。让我们记住这些画面，感受这美好的春光（配乐读全诗）。

（2）教师引导学生尝试背诵《村居》。

（3）欣赏歌曲《村居》，学生跟唱。

【设计意图】再次通过多种方式诵读，帮助学生感悟诗情，并在脑海中形成画面，感受春天农家美丽的自然风光。

点评

《村居》一诗描写的是诗人居住农村时亲眼看到的景象，字里行间透露出诗人对春天的喜悦和赞美。

教学本诗，教师在开场通过动情的语言描绘色彩明丽的春天，唤醒学生的记忆感受，学生自然地进入情境，产生学习兴趣。教师用欢快的乐曲渲染情景，奠定本节课欢快的基调，这便是造境。接着疏通语言，通过让学生用"村""居"两个字组词理解诗题的意思。教师引导学生读通词语、读通诗句并初步想象画面，为学生在下文感知春天做铺垫。学生理解古诗离不开想象，"六模"教学能使学生将古诗所描写的人、事、景、物与自己的生活经验进行关联，通过想象与联想，将春天的景色与活动具化为可看可摸的真实经验，从而感受诗歌所表达的情思。在本课的教学中，教师多次要求学生通过多种方式诵读《村居》一诗，从而帮助学生感悟诗情，并在脑海中形成画面，感受春天农家美丽的自然风光。

（教学设计：苏州高新区通安中心小学校许惠芳；评析：郑先猛）

万物皆可爱，美在春光里
——二年级下册第一课《古诗二首》第二课时教学设计

一、教学内容

《咏柳》。

二、教学目标

(1) 学会正确书写本课 5 个生字，认识 6 个生字。

(2) 正确、流利地朗读古诗，背诵古诗。

(3) 领略春天自然景物的美，联系生活培养学生的观察能力和审美情趣。

三、教学过程

任务一：创设情境，读出柳之美

(一) 多元造境，导入新课

(1) 指名背诵《村居》，要求学生说说高鼎对春天的哪些景物留下了深刻的印象。

(2) 柳树是春天的代表，隋炀帝喜欢它，给它赐姓"杨"；高鼎喜欢它，留下了"拂堤杨柳醉春烟"的诗句。（配乐出示多幅柔柳图）它们的枝头藏满了春的消息，欣赏着这一株株婀娜多姿的垂柳，我们可以发现春的小脚丫。

(3) 你们想夸夸这些柳树吗？唐朝诗人贺知章也想夸夸这些柳树，于是写下了一首诗《咏柳》（齐读课题）。

诗题中的哪个字表达了夸赞的意思呢？那赞美春天怎么说？（咏春）赞美梅花呢？（咏梅）很好，这就叫举一反三。学习生字，我们不仅要理解它的意思，还要学会运用。

【设计意图】这里教师应用了"六模"教学中的造境方法，通过开场白、出示图片激发学生对本诗主角柳树的兴趣。

(二) 反复诵读，感知韵律

诗人赞美的柳树是什么样的呢？咱们来读读诗句。谁来读一读学习要求？

1. 诵读诗句

(1) 读正确。

(2) 读节奏。

(3) 读韵律。

2. 指名分行读

4名学生一人一句，开火车读；老师出示全诗。

（1）了解"似"的两种读音（出示）。

（2）生质疑：理解"绦"的意思（"绦"是绞丝旁，说明与丝织品有关，那"绦"的意思就是——）

师：你很会猜，根据偏旁理解字义是一种很好的方法。同学们读词卡"绿丝绦"，猜猜这是什么意思？

教学生字"丝"，提醒学生上部要写紧凑。

（3）下面我们来读读古诗，看谁读得正确通顺（学生齐读古诗）。

3. 教师读古诗

听了你们的朗读，老师也想读，听出了老师与你们读的有什么不同吗？

好，请你们也用这种节奏读一读，自由读。

【设计意图】诵读是古诗词教学最基本的模式。学生只有通过反复诵读才能正确地读出节奏、读出韵味。

任务二：紧扣词语，"想"画春景图

（一）想象画面，读出诗境

师：读诗，不仅要读出节奏、读出味道，更要读出感觉。读完《咏柳》这首诗后，如果请你用一个词语来形容柳树，你想到的是哪个词语？

师：请大家轻轻地读，看看插图、联系自己的生活体验，想一想可以从诗中的哪个词或哪句话读出柳树的美？

1. 教师提问

同学们读得很认真（出示第一、第二句），说说你从这两句诗中的哪个词读出了柳树的美。

生：我从"碧玉"中读出柳树很绿。（出示图片：碧玉）玉是一种特殊的石头，古时人们称玉为"碧玉"。教学生字"碧"：王白靠近，稳坐石上。

师：哦，柳树是那样的绿，就像是用——碧玉装扮成的一样。齐读第一句，同学们还读懂了哪个词？

生：我从"绿丝绦"三字中知道柳条像绿丝带一样漂亮。（出示绿色的丝带）绿得透亮，绿得耀眼。

教学生字"绿":左窄右宽要穿插,点提撇捺对称呀!

师:千万条柳枝垂下来,就像绿色的丝带一样柔美。同学们齐读第二句。

2. 语言造境,读出诗情

师:早春二月,春风拂面,柳树展现出它迷人的风姿。一行行婀娜多姿的柳树倒映在水中,翠绿翠绿的,长长的柳条随风飘舞。(课件出示垂柳图)你们看柳树像什么?(亭亭玉立的少女)刚刚我们知道碧玉是指绿色的玉,但还有另一层意思,大家想知道吗?老师告诉你们,在古代碧玉是指年轻美貌的女子。这里用年轻美貌的女子来比喻什么?如果说柳树像美女,那倒垂下来的柳条又像什么呢?(少女的头发)看到这样的柳树,你心里有什么感受?那我们就美美地读一读吧!

(个别读、齐读。教师相机指导)

(1)多美的柳树啊!诗人不禁发出这样的感叹(出示第三、第四句),谁来读?你读懂了哪句?(预设)

生:我读懂了"二月春风似剪刀",就是说二月里的春风像一把剪刀。

师:它剪出了什么?对,裁剪出细细的柳叶。

(2)(教师出示柳叶图)这是怎样的柳叶啊?你能用一个词说说吗?(精美、可爱、嫩绿)这精美、可爱的柳叶是春风裁出来的,(板书:裁)裁是什么意思?诗人为什么用裁而不用剪呢?

如果学生有困难,教师可引导学生用"裁"组词(裁缝):裁缝是做什么的?(衣服)普通人做得出来吗?

师:春风像一位高超的裁剪师,裁出了这么美的柳叶,这是怎样的裁啊!(神奇、出神入化)一个"剪"字怎能代替!

(3)了解修辞方法。同学们再读诗,看看有什么发现?(预设)

生:上一句是问,下面是回答。(你真会发现)这种句式叫设问。

师:哪一句是问?("不知细叶谁裁出")谁来问问?(个别读、齐读)

师:哪一句是回答呢?("二月春风似剪刀")这仅是回答吗?更是咏叹春风的神奇啊!这句中有个"似",就是(像)的意思。这个句子是个什么句?(比喻句),作者把什么比作什么?这样一比,写的句子就更美了。好,我们一起来读读。(师问生答、生问师答、男女生合作读)这样的比喻句，诗中还有吗？

3. 师生合作，造境诵读

师：老师描述，同学们读相关的诗句，可不要读错哟！

迎着徐徐的春风，诗人信步来到小河边，看到柳树翠绿翠绿的，像用碧玉装扮成的一样，无数柳枝垂下来像绿丝绦一样柔美，诗人不禁吟诵——诗人来到柳树下看到精美纤细的柳叶，惊喜万分，不禁自问——，哦，原来是春风这把剪刀裁剪出来的呀，诗人赞叹道——

4. 想象画面，感受春天

师：接下来请大家闭上眼睛听配乐朗诵，在你的眼前仿佛出现了怎样的画面？

生：我看到了河畔有一棵高大的柳树，垂挂着无数根细长而柔软的枝条。

师：你只看到了翠绿翠绿的柳树，垂下长长的枝条随风飘舞吗？再想想，在这美丽的春天，（柳树旁、山脚下、花园里、小河边）你仿佛还看到了什么？又仿佛听到了什么？（播放《高山流水》一曲）这些美景都是春风裁剪出来的，诗人只是在赞美春风吗？还是在赞美——春天、大自然？

师：是啊！春风一吹，给我们带来了多姿多彩的春天，大自然呈现出生机勃勃的景象。

【设计意图】低年级学生要理解、读懂古诗，必不可少的就是想象。"六模"教学强调将古诗中描写的人、景、物、事与学生自己的生活实际相关联，要求学生通过想象读出一个个真实、生动的画面。

任务三：诵记感春韵之美

(一) 多彩诵记，延伸课堂

（1）大自然是多么神奇啊！让小草发芽生长，柳树那长长的枝条随风飘舞，还在抚摸着堤岸呢！（出示：草长莺飞二月天，拂堤杨柳醉春烟）

那篱笆旁还有几棵树，花瓣从枝头纷纷飘落，嫩叶还没有长成树荫呢！（出示：篱落疏疏一径深，树头叶绿未成阴）

这样美的春景吸引了黄鹂在枝头间叽叽喳喳地叫着，白鹭也展翅高飞。（出示：两个黄鹂鸣翠柳，一行白鹭上青天）

大自然的美景真令人陶醉，不知不觉天就亮了（读：春眠不觉晓，处处闻啼鸟）。大自然的美景无处不在，还给我们带来了美丽的春江水（读：日出江花红胜火，春来江水绿如蓝）。

（2）大自然是多么吸引人啊！

（出示图片）图上这人是谁？他正在做什么？让我们跟着诗人一起来赞美春天的柳树吧！

教师指名读：小诗人，你来赞美吧！

教师要求学生齐读：小诗人们，大家一起来吧！

（3）同学们读得这么好，能背出来吗？我们一起来试试（齐背、配乐）。

（4）春天是生机勃勃的；春天是多姿多彩的；大自然的美景真令我们陶醉，大自然真神奇啊！让我们再一次吟诵《咏柳》，齐背古诗。描写大自然美景的诗还有很多，请同学们课外去收集收集，积累下来，好吗？

【设计意图】教师通过有关春天古诗的拓展，深化了学习主题，帮助学生感受春天的魅力，激发学生的学习兴趣与语言积累的积极性。

点评

《咏柳》是唐代诗人贺知章描写春天的诗，诗中描写了春天柳树吐芽、柳条碧绿的生机勃勃的景象。低年级学生喜欢用形象、色彩、声音来思考，教师在课前通过开场白、出示图片等多种方式造境，从而唤醒学生对本诗主角柳树的兴趣，激发学生的学习兴趣。诵读是古诗词教学最基本的方法，教师引导学生在反复诵读之中将本诗读正确、读出节奏、读出韵味。低年级学生要理解、读懂古诗，必不可少的就是想象。"六模"教学强调将古诗中所描写的人、景、物、事与学生自己的生活实际相关联，教师要引导学生通过想象读出一个个真实、生动的画面。最后，教师通过有关春天古诗的拓展，深化了学习主题，帮助学生感受春天的魅力，激发学生的学习兴趣与语言积累的积极性。

（教学设计：苏州高新区通安中心小学校许惠芳；评析：郑先猛）

自古逢秋诗情浓
——三年级上册第四课《古诗三首》第一课时教学设计

一、教学内容

《山行》。

二、教学目标

（1）识字积累。学习《山行》，会本诗中的生字。

（2）诵诗记忆。正确、流利、有感情地朗读古诗，背诵古诗。

（3）通晓大意。借助注释，联系生活实际，理解诗中字词和诗句的含义。

（4）品语悟情。想象画面，欣赏诗中描写的秋色，感受古诗意境，领悟诗人抒发的感情。

三、教学重点

引导学生理解诗中的字词、诗句，熟读成诵，并欣赏诗中描写的秋色之美。

四、教学难点

引导学生想象古诗所写的情景，体会古诗的意境，领悟诗人抒发的感情，培养热爱大自然、热爱祖国壮丽河山的感情。

五、教学过程

任务一：入秋境，初读诗味

（一）单元导读，由画入境

1. 单元导读

（出示篇章页）"金秋的阳光，洒在树叶上，洒在花瓣上，也洒在我们的心上。"正值金秋，你能用自己积累的四字词语说说这个季节的景色或对这个季节的感受吗?

2. 揭示课题

面对相同的秋景,每个人有每个人不同的心情,古人也是这样。有三位诗人在秋季写下了不同的诗句,今天就让我们走进本单元第一课《古诗三首》,欣赏秋色之美!(板书课题:古诗三首)

3. 插图造境

你从图中看到了什么?

4. 启发引导

按从上至下的顺序来说景物,更有条理。

5. 揭示诗题

看到这样美丽的景色,一位诗人不由得诗兴大发,写下了一首诗,名叫——"山行"。(板书诗题:山行)

【设计意图】教师借由单元篇章页导读,出示插图以造境,引导学生感知古诗所描绘的画面。教师引导学生诗画结合,直观地欣赏秋天的自然之美,感受秋天的美好,以更好地理解古诗的意境。

(二)初读感受,由浅入深

1. 解读诗题

(指名读题,齐读诗题)你读懂了什么?(预设:这首诗写的是诗人在山中小路上行走时所看到的优美风景)

2. 走近作者

图上的人是谁?对,就是这位诗人,他叫——杜牧。(板书:杜牧)你对他有什么了解吗?

(杜牧,字牧之,唐代诗人,擅写七言绝句。他和同时期的诗人李商隐并称"小李杜",又被后人称为"小杜",以区别于杜甫)

3. 初读感知

杜牧一生写下了许多的诗歌,这是其中流传最广的一首七言绝句。

4. 朗读

教师朗读:自由朗读古诗,注意读准字音,读通句子。多读几遍,试着读出韵味。

相机正音:指名读,标红"寒山""石径""斜""霜叶"。要求学生注意区分前后鼻音。

5. 范读节奏

古诗不仅要读准确，更要读出节奏感。我们可以借助停顿小棒，做到声断气连。要求学生练读。

远上/寒山//石径斜，
白云/生处//有人家。
停车/坐爱//枫林晚，
霜叶/红于//二月花。

6. 读出韵味

这首诗读起来朗朗上口，同学们有没有发现什么读音的秘密？（标红"斜""家""花"）这里的"斜"其实在古时候也读作"xiá"，句尾押韵，使得古诗更有韵味。所以我们在朗读的过程中也可以把韵尾拖长一点，把古诗读得更有味道。

教师要求生练读，指名读，并给予评价和鼓励。

【设计意图】诵读是学习诗歌的基本方式，诵记也是"六模"教学的核心板块之一。读正确是最基本的一项要求，而教师引导学生从关注停顿到关注押韵，才能真正让学生通过充分的朗读深入感受到古诗的韵味。

任务二：入秋景，品读通言

（一）整体感知

1. 再读圈画

这是什么季节？（秋天）你是从诗中的哪些地方发现的？

（预设）① 枫林，霜叶。追问：霜叶是怎样的叶子？（秋天经了霜的枫叶）

② 寒山。追问：寒山，是什么样的山？（凉快、寒冷、没有人）

（结合实际）我们现在也是秋天，却还穿着短袖，因为秋天才刚刚开始。时间越往后，天越凉，有时还会结霜。尤其是山里，更是冷清，草木都枯黄了。所以，这首诗写的是深秋的景象。

2. 方法指导

读这首古诗时我们发现，课本上出现了一个新的部分——注释，我们可以利用注释理解难懂的词语。

（二）学习第一、第二句诗

1. 交流讨论

这两句诗中，你最喜欢哪处景物？为什么？（预设）

（1）寒山、石径：远上寒山石径斜。

能用诗中的一个字来形容一下这条石径吗？（斜、远）是的，这条小路很"斜"（看图体会，辅以肢体），"斜"就是——弯弯曲曲的，而且很远——很长，一直延伸向了远方。（板画：寒山、石径）

（2）白云、人家：白云生处有人家。

教师及时正音："白云生处有人家"，"生"是后鼻音，下次可不要再读错了。"生"是什么意思？

教师出示注释："生"就是产生、生出的意思。"白云生处"就是白云出现的地方，白云在这里生出、漂浮着，白云的后面还有——人家。这些人家你能看清楚吗？（看不清，很模糊）为什么？（因为被云挡住了）哦，原来这些人家被云遮住了，却又隐隐约约能够看到，所以大家才觉得朦朦胧胧的，很美丽。（板画：白云、人家）

2. 通言想象

读了这两句诗，你看到了怎样的画面？（同桌交流，教师指名回答）

启发理解：深秋，冷清的山林里有一条曲折的石头小路向远处伸展。在那白云缭绕的地方，还隐隐约约有几户人家。

3. 小结方法

借助注释、插图，想象画面，我们能更连贯地把握诗句的意思。

教师让学生点读，齐读第一、第二句诗。

（三）学习第三、第四句诗

1. 过渡引读

这些景色我们觉得都很美，但诗人最喜欢的是哪些景物呢？（引读三、四句诗）

2. 联系旧知

回想一下，以前有没有学过有关"二月花"的诗？

（预设）"春色满园关不住，一枝红杏出墙来""等闲识得东风面，万紫千红总是春"等。

3. 思考理解

"二月花"是什么季节的花朵？（春天）"二月花"总是娇美艳丽的，但诗人更喜欢的是二月花还是秋天的霜叶？为什么呢？

（预设）更喜欢枫叶，因为枫叶更红、更美。

4. 通晓句意

在诗人眼中霜叶更红、更美，比"二月花"还要美丽，为此还特意停车赏叶。这里有一个字"于"，就是"比"的意思。说说你看到的画面。（教师板画：枫叶）

5. 总结方法

同学们想要理解古诗的意思，可以借助注释、插图，想象画面，联系生活，透过字里行间去领悟其中的奥妙。

【设计意图】"运用多种方法理解难懂的词语"是本单元的语文要素，这首诗虽然语言朴素，无生僻字词，但仍然有一些词语与现代意思相去甚远，因此如何应用"六模"中的通言就成为本诗的教学重难点。学生在教师的引导下借助注释、插图想象画面，联系上下文和生活实际，初步理解诗句的意思，这也为以后的古诗文通言提供了方法指引。

任务三：入秋思，情景交融

（一）交流讨论，体悟诗情

1. 思辨探讨

你觉得霜叶美吗？为什么说它比"二月花"更美呢？（预设）

（1）色彩更鲜艳。

（2）生存环境差却依然顽强。

（3）具有不畏寒冷、不屈不挠的品质。

（学生基本能达到预设（1），后两点可让学生再多读几遍，教师仍需对其进行启发，引导学生说一说春天、秋天季节环境的不同点，感受植物的品质。）

2. 情感体验

这一片火红，让我们看到了秋天的生命力。你喜欢吗？可以用诗中的哪一个字表达这种感情呢？（爱）

3. 小结

一个"爱"字，表现出了诗人对枫林的热爱和赞美。同时，这份"爱"不仅是对枫林的热爱，也是对秋天的热爱，对大自然的热爱。

【设计意图】《义务教育语文课程标准（2022年版）》提出，要"重视古代诗文的诵读积累，感受文学作品语言、形象、情感等方面的独特魅力和思想内涵，提升审美能力和审美品位"。本课"任务三"针对"霜叶"这一意象深入挖掘，引导学生在对比中提升思维及审美能力。而"爱"是全诗的诗眼，直接体现诗人的情感。引导学生品读古诗，感受景物之美，体悟诗人情感，是为"悟情"。

（二）情景交融，化情入诵

1. 融情入读

此时此刻，让我们和诗人一起来到山脚下，带着对秋天的热爱，再一起吟一吟这首诗。（齐读）

2. 借画成诵

请同学们借助黑板上的板画，试着想象画面，背一背这首诗。

任务四：入秋夕，对比学诗

（一）同题异构，对比阅读

1. 拓展新篇

《秋夕》，同样出自杜牧之手，同样写秋天，从这首诗中又能读到哪些景色呢？（预设）

（1）写不同时间的景色，一个是白天，一个是夜晚。

（2）写不同地方的景色，一处是山里，另一处是在宫里。

（3）第一首能感觉到热爱、喜欢，第二首则能感觉到凄冷、孤独。

2. 总结延伸

今天我们学习了杜牧的《山行》，飘动的白云、矗立的寒山、远处的石径、鲜艳的红叶，构成了一幅和谐的山林秋色图，唱出了一首秋天的赞歌。接下来，我们还将继续学习《赠刘景文》《夜书所见》这两首古诗，诗中又会有怎样的秋景呢？让我们一起期待吧！

【设计意图】本课虽然是独立的一首诗，但是教师在教学中也要关注到整体，因为它是秋景组诗中的一首。第一课时宜先让学生在头脑中生成对秋天的整体印象。教师拓展《秋夕》，同样也是为了深化这一主题，激发学生的学习兴趣。

（二）积累生字，规范书写

（1）观察生字：出示本诗中的生字"寒""径""斜""霜"，根据字的结构进行归类。

（2）重点指导"寒"字。教师范写，编口诀：宝盖宽宽遮头上，三横紧凑要均匀，一撇一捺要舒展，两点对齐中线上。

（3）学生观察其他生字的笔画位置，说注意点，教师范写，学生练写，教师巡视指导，评议后再让学生练习书写。

点评

苏教版语文教材中也曾出现过《山行》这首古诗，如今作为统编教材三年级上册第二单元《古诗三首》里的第一首，教师在教学时更应关注到"金色秋天"这一主题，并对"六模"加以融合，为后面两首古诗的教学做好铺垫。

开篇首先以单元导语及书页插图导入，引导学生感受秋色之美，是为造境。接着从静态的画面转入动态的诵读，指导学生读准字音、读出节奏、读出韵味，使学生在层层深入的朗读中产生更多的理解，这是通言；同时逐步勾勒出一幅有温度、有浓淡、有色彩的画面，这是想象。教师将理解古诗文的多种方法渗透在教学的各个环节，为学生今后的古诗文学习提供了抓手和范式。最后，教师点出诗人之"爱"，是为悟情。教师进一步补充相同诗人、相同主题的古诗，既拓展延伸了课堂，帮助学生实践运用了课堂所学方法，也让不同的秋色映入学生眼帘，深入学生脑海。

（教学设计：苏州市枫桥中心小学张悦蓉；评析：施燕璟）

我言秋日几多意
—— 三年级上册第四课《古诗三首》第二课时教学设计

一、教学内容

《赠刘景文》《夜书所见》。

二、教学目标

（1）识字积累。读古诗《赠刘景文》和《夜书所见》，学会古诗中的生字。

（2）诵诗记忆。正确、流利、有感情地朗读古诗，背诵古诗。

（3）通晓大意。借助注释，联系生活实际，理解诗中字词和诗句的含义。

（4）品语悟情。对比阅读，想象画面，欣赏诗中描写的秋色，感受古诗意境，领悟诗人抒发的感情。

三、教学重点

理解诗中的字词、诗句的含义，熟读成诵，并欣赏诗中描写的秋色之美。

四、教学难点

想象古诗描写的情景，体会古诗的意境，领悟诗人抒发的感情。

五、教学过程

任务一：忆秋诗，三读通其言

（一）旧知回顾，复习引题

（1）温故知新：上节课我们一起学习了《山行》这首古诗，欣赏了杜牧笔下的秋景。还记得这首诗中的千古名句吗？（引导背诵）谁能用自己的话说说这两句诗的意思？

（2）解读新题：同学们想不想知道，宋代诗人苏轼心目中的秋天又是怎样的呢？先来读读诗题，猜猜这首诗写的是什么？（指名回答）

（3）联系旧知：还记得我们学过李白的《赠汪伦》，这是李白送给好朋友汪伦的一首诗，（出示注释）那么《赠刘景文》就是——苏轼送给好朋友刘景文的一首古诗。

（4）板书诗题，相机指导生字：赠送给别人的，常常是我们觉得有价值的东西，所以"赠"是贝字旁。"刘"的左边是一个"文"字，但是要注意"文"字的捺变成了长点，它很谦让地把位置留给了右边的立刀旁。

(齐读诗题)

(5) 问题过渡：苏轼为什么特意给刘景文写一首描写秋景的诗呢？下面就让我们跟随诗人来体会一下他的用意吧！

【设计意图】本诗的教学方式仍选择从题目入手，提醒学生通过联系旧知理解诗题，这样也为后面古诗的学习打下了基础。

(二) 初读感知，疏通大意

1. 读准读通

(1) 自由朗读古诗，注意借助拼音把古诗读通读顺，难读的地方可以多读几遍。

(2) 指名读：相机正音，"擎"是后鼻音，提醒学生注意区分前后鼻音。

2. 读出节奏

(1) 合作指导：听了你们的朗读老师也想读了，我们一起来合作一次吧！老师读每行诗的前四个字，你们接后三个字。

(2) 自读练习：你们看，读着读着，诗的节奏就出来了，自己试着有节奏感地读一读吧！

(3) 教师指名读，评价并鼓励。

3. 读懂大意

(1) 回顾方法：上节课我们已经学习了《山行》，你还记得哪些理解诗句的好方法？（学生反馈）

教师明确：借助注释、插图，想象画面，联系生活，联系上下文……都是我们理解诗歌的好办法。

(2) 难点透析：这首古诗有没有比较难理解的地方呢？能不能用这些方法帮大家理解诗句的意思？（预设）

① 荷尽：借助插图，荷叶没有了，也就是凋谢枯萎了。

② 擎雨盖：借助注释，知道"擎"是"举、向上托"的意思，"擎雨盖"也就是挡雨的伞。

教师点拨：一年级下学期曾经学过一篇课文《荷叶圆圆》，课文里的小水珠把荷叶当成它的摇篮，小鱼儿把荷叶当成它的凉伞，诗中"擎雨盖"这个词就是指遮雨的伞。

③ 菊残：教师引导学生联系上文"荷尽"，或联系生活，理解这两个

字的意思是菊花枯萎、残败了。

④ 傲霜枝：教师引导学生想象画面，花虽然凋谢了，但枝干还没有倒下，不怕寒霜，傲然挺立。

⑤ 君：借助注释，懂得"君"是对对方的尊称；联系上下文，诗中的"君"指的就是刘景文。

（3）疏通大意：教师要求学生试着连起来用自己的话说说古诗的意思。

【设计意图】通言是"六模"教学中的一个重要板块，目的是使学生在反复的朗读中，借助多种方式达成理解。本环节回顾了上一课时渗透的朗读、理解方法，及时帮助学生解决初读过程中产生的字义问题，大致疏通文意，为下面的深入解读、想象悟情做好铺垫。

任务二：寻秋迹，多面解秋意

（一）想象入境，解诗悟情

1. 整体感知

苏轼写的也是秋天，你是从诗中的哪些词句感受到的呢？带上理解自己读一读，并圈画出来。

2. 学习"荷尽已无擎雨盖"

（1）学生交流：荷叶已经没有了，菊花也已经凋谢了。

（2）对比感受：（出示夏季荷塘图）你仿佛看到了什么？听到了什么？闻到了什么？

预设：夏天的荷塘里荷花粉嫩，散发出淡淡的清香。荷叶碧绿，仿佛是一个个穿着裙子的小姑娘在翩翩起舞。水里的鱼儿躲在荷叶下乘凉，小青蛙放声歌唱。

（出示《秋季荷塘图》）到了深秋，荷塘里又变成什么样子？荷花慢慢地凋谢了，荷叶也枯萎了，躲雨的小伞没了，此时此刻你们的心情是怎样的？（伤心、失落、惋惜）

（3）指导朗读：教师指名读，要求学生带着低落的语气读一读，带着难过的表情再读一读。

3. 学习"菊残犹有傲霜枝"

（1）引读过渡：秋天的菊花也很美，但到了深秋，菊花又是什么样呢？我们来读一读这行诗。

（2）咀嚼品味：秋天不是很美吗？为什么苏轼写的是枯萎的荷叶、凋谢的菊花，这样还美吗？

想象画面，再自己读一读。闭上眼睛，你仿佛看到了怎样的画面？

（3）深解"傲霜"：秋天的风，是什么感觉？萧瑟的秋风和寒冷的霜冻下，花瓣和叶子都已经凋落，菊花的枝干却毫不屈服，仍然精神抖擞地挺立着。谁想来夸夸它？

（4）读出味道：原来，苏轼写残菊，不是为了强调它的凋谢，而是为了赞美、感叹它的坚强。让我们带着感情再来读读这一行。（齐读）

短短 14 个字，有秋的零落，也有秋的生机，把这句话连起来读一读，你能读出不一样的味道来吗？（男女生赛读）

4. 学习第二句

（1）交流点拨：还有哪些秋天独有的景色呢？（橙黄橘绿）仅仅只有橙子和橘子成熟了吗？（苹果、葡萄、梨子……）跟着诗人一路走一路看，秋天丰收的情景跃然眼前，此时此刻的心情应该是怎样的？（开心、激动）把这份丰收的喜悦带进朗读之中。

（2）深化理解：其实，在古人心中，橘树可不一般，爱国诗人屈原就曾经以橘为题写过一首诗，表达自己追求美好品质和理想的坚定意志。

链接《橘颂》："独立不迁，岂不可喜兮。深固难徙，廓其无求兮。苏世独立，横而不流兮。"

（3）背景补白：刘景文是一个有学问、不怕困难的人，这一年刘景文已经 50 多岁了，可是他一直没有受到朝廷的重用，因此郁郁不得志。为了鼓励刘景文，帮助他找回自信，苏轼写下了这首诗。

想一想，苏轼其实想对刘景文说什么呢？（预设：不要灰心，你一定会成功。虽然你年纪大了，但只要还有理想，珍惜这大好时光，乐观积极，仍然可以做出一番事业。）

（4）朗读指导：苏轼的劝慰、勉励，就倾注在了这短短 14 个字中，——（引读）"一年好景君须记，最是橙黄橘绿时"。

让我们一起随着音乐，再来吟诵这首诗。

5. 总结记诵

同学们，刘景文受到苏轼的鼓励，终于崭露头角，后来他还受到宰相王安石的赏识做了官，有了施展才华的舞台。所以，不要只看到残枝落叶的颓败，还要看到橙黄橘绿的活力。这励志的诗句也成了千古佳句，你们能试着把这首诗背下来吗？

【设计意图】理解古诗的字面意思不难，难的是深入古诗，理解诗人藏在秋景下的感情，因此"六模"教学中的品语、想象、悟情这三个环节缺一不可。有了教师结合创作背景的补充，学生也更易突破悟情的难点，感受、明晰诗人想要表达的深层意蕴。

（二）学法迁移，整合学习

1. 探究诗题，诵读导引

（1）迁移导入：我们已经学习了两首古诗，在学习第三首古诗之前，先回忆一下学习古诗的方法——解诗题、读诗味、明诗意、悟诗情。

（2）教师出示《夜书所见》，要求学生齐读诗题。教师引导学生勾连旧知：看到"所见"，你想到了什么？

在一年级的时候我们就学过一首《所见》，意思是所看到的。"夜书所见"，就是在夜里写下自己所看到的。

（3）自读提示：诗人到底"见"到什么了呢？请同学们自由朗读这首古诗，注意读音准确、读出节奏，难懂的地方多读几遍，可以借助多种方法来理解，并圈画作者的"所见"。

2. 想象画面，品读诗文

（1）汇报交流：读完这首诗后，你们的脑海中留下了哪些画面？（梧叶、篱落、灯明、促织、儿童……）

（2）看，萧萧梧叶："一声梧叶一声秋，一点芭蕉一点愁。"你见过秋天的梧桐树叶吗？（黄）夜间，枯黄的树叶发出了怎样的声响？（萧萧）我们不仅看到了梧叶的飘零，还听到了梧叶的摇摆声，梧叶怎么会发出声音呢？

（3）感，秋风寒声：一阵秋风袭来，吹得梧叶萧萧发响。诗句是有温度的，你从诗中的哪个字能感受到？（寒）眼前所见的是萧萧梧叶，身边萦绕着的是秋风寒声，此时此刻，诗人的心情是怎样的呢？（孤独、寂寞、冷清）谁来试试再读读这句诗，体会体会诗人的心情？

（4）想，童挑促织：正当诗人满怀愁绪的时候，他又在江岸边看到了什么？请用诗句回答。（正音强调"挑"）

这么远的地方，能看得清楚吗？那是从什么判断出来的呢？（有促织声、儿童的说笑声）所以，这句诗中"知"的意思是"料想"。那他怎么猜得这么准呢？

（各抒己见）也许是儿童们的声音太兴奋了，让诗人都听出来了。也许是诗人小时候也做过这样的事情。还可能是灯光照出了他们玩乐的影子。

（5）忆，篱落灯明：这时候，诗人还感觉得到"寒"吗？他的心情发生了怎样的变化？从哪一个字能够感受到他心情的变化？（明）

茫茫黑夜，如果能有这样一盏小灯照耀，即使只是一点灯光，也该给人多么温暖、多么明亮的感觉呀！

（6）小结诗意：原来，诗人"所见"并非只是用眼睛去看，还有耳朵听到的，身体感受到的，心里回忆起的。请同学们想象着这幅画面，一起再读这首诗。

3. 触动客情，配乐记诵

（1）体悟诗情：秋风萧瑟，篱落灯明，此间此景引发了诗人什么样的感情呢？

诗人可能会想起自己在童年时代也是如此天真烂漫，童年生活也是如此开心有趣，可能会想起家乡的孩子此时也正在逗引蟋蟀，可能会想起亲人朋友的声音和容颜……

（2）升华"客情"：这位作客他乡、漂泊在外的诗人是谁呢？（叶绍翁）说起叶绍翁，我们还要来介绍一下他。叶绍翁是福建人，他的爷爷原来是朝廷的一位大官。可就在叶绍翁小时候，因为爷爷在朝廷受到迫害，家道中落，他只能被送给浙江一个叶姓的人家做儿子。

你还在哪首诗里读到过"客"呢？（独在异乡为异客、夜半钟声到客船）这些诗人，都因为各种原因不得不远离家乡。

（3）吟诵入情：看来，思念家乡是中国文化中恒久的主题，古往今来有多少游子都为此赋诗，那些陌生又熟悉的画面轻易就拨动了他们的心弦，触动了诗人浓浓的忧愁和思念。请同学们把这份思乡情化进我们的吟咏中，背一背这首古诗吧！

【设计意图】古诗的教学不能一味地靠教师去讲读，而是要多给予方法指导，并给学生机会去自主探究。教师应引导学生回顾学法，迁移运用，融合"六模"教学的各个环节，在学生诵读、交流的过程中，适当点拨、总结，由扶到放，提升学生学习古诗的能力。

任务三：感秋怀，总结悟诗情

教师引导学生拓展延伸，深化主题。

1. 回顾课堂

秋，是一种美丽，我们可以像杜牧一样，欣赏山林秋色。（引导背诵《山行》）

秋，是一份心境，我们可以如苏轼一般，带给友人鼓励。（引导背诵《赠刘景文》）

秋，也是一段情愫，是诗人叶绍翁对家乡温暖的回忆。（引导背诵《夜书所见》）

2. 拓展课堂

教师出示诗句，要求学生读并说出感受，提问：秋天还会是怎样的呢？

无边落木萧萧下，不尽长江滚滚来。——杜甫《登高》

秋阴不散霜飞晚，留得枯荷听雨声。——李商隐《宿骆氏亭寄怀崔雍崔衮》

自古逢秋悲寂寥，我言秋日胜春朝。——刘禹锡《秋词》

3. 课后延伸

同学们课后可以再找一找相关主题的古诗，发现不一样的秋天。

【设计意图】教师总结三首古诗，并引导学生拓展阅读，开发出一个相关的古诗学习任务群，让学生感受不同诗人笔下"秋"的不同，使学生对"秋"的主题更感兴趣，激发学生继续深入读诗的积极性。

点评

本课的三首古诗主题鲜明，情感内蕴又有不同。《山行》带领学生走进了深秋，第一课时结束后学生已初步建立了主题意识，学习了理解诗句的方法。因此在教学第二课时时，教师可以继续迁移运用"六模"教学的核心板块，但同时也要引导学生在相同中寻不同，帮助学生获得不一样的情感认知。

《赠刘景文》《夜书所见》这两首古诗的诗题都可通过联系旧知来理解。教师在引导学生反复诵读的基础上，抓住关键意象，品读诗句的韵味，点拨启发想象，丰富脑海中的画面，通过背景资料的补白，走进诗人的内心，进一步理解诗歌情感的复杂性。学生的每一次吟咏、记诵和拓展，都提升了古诗学习的能力，也加深了对秋的不同感受，生成了对古诗意境的不同理解。

（教学设计：苏州市枫桥中心小学张悦蓉；评析：郑先猛）

根植文化，读活、读厚
——三年级下册第九课《古诗三首》第一课时教学设计

一、教学内容
《元日》。

二、教学目标
（1）读准字音，读通诗句，读出节奏与韵味。
（2）借助注释，理解诗意，想象并描述节日的热闹情景，感悟诗人的心境。
（3）了解中国传统节日——春节的习俗，感受中国传统文化情结。

三、教学过程

任务一：诗中有韵，多元诵读

（一）造境渲染，巧入古诗
1. 单元导读，揭示课题

我们中华民族已经有5000年的历史了，在漫长的历史长河中，中华优秀传统文化就是熠熠生辉的星星。（出示单元导语并引读）深厚的优秀传统文化是中国人的根。今天就让我们穿越时空，走进本单元的第一课《古诗三首》，一起感受古代节日的别样魅力！

2. 声画激趣，走进《元日》

（播放与春节有关的画面和声音）这让你想到了哪个传统节日？春节是一年中最热闹、最喜庆的日子。想知道宋朝人是怎么过春节的吗？让我们跟随宋代诗人王安石的脚步一起走进《元日》。（板书课题）

【设计意图】这里运用了"六模"教学中的造境，教师首先用开场白造境：由悠久的历史导入课题，意在让学生了解中华文化的博大精深，激发学生的民族自豪感和学习的热情，为后文的学习打下情感基础。之后便播放音乐造境：用欢快的乐曲渲染情境，奠定本节课欢快的基调。

（二）字源追溯，释题通言

1. 质疑解题

元日是哪一天呢？你是怎么知道的？（借助注释理解是学古诗的好方法）元日就是正月初一，是新年的第一天。

2. 理解"元"字

探究这个"元"字，我们也能猜到，"元"是象形字，像人站在那儿，一个人最重要的部位是头部，所以他画了一个大大的头在上面，"元"的本义就是"头、首"的意思。新年的第一天是元日，那一年的第一个月是（元月），一年的第一个月圆之夜是（元夜），元夜便是正月十五——（元宵）。

【设计意图】教师引导学生疏通语言，通过追溯"元"字的本义释题。

（三）诵读古诗，整体感受

1. 读准字音，读出节奏

俗话说，"三分诗，七分读"。先来比一比，谁能把古诗读正确、读流利？自由朗读《元日》，读准字音，把不流畅的地方多读几遍。

（指名读）点红"爆竹、屠苏、曈曈、旧符"（相机正音）

教师提示：古诗如此短小精悍，要读得慢一点，有节奏感一点，这样才能更好地读出古诗的味道。

（师范读）我们可以借助停顿小棒，做到声断气连。（学生练读）

2. 韵脚拉长，读出韵味

想读得更有味道吗？仔细看：第一句的最后一个字是（除），第二句的最后一个字是（苏），第四句的最后一个字是（符），你们发现了吗？

这三个字在读音上有什么相同之处？（韵母是一样的）

教师提示：这三个字就是这首诗的韵脚，读古诗时，把韵脚适当地拉长，就能读得更有味道。

指名练读，齐读古诗，要求学生不但要读正确，更要注意节奏和韵脚，读出诗的味道。

（过渡）读得真好，不过会读的人还能读出古诗中的画面和情感，继续挑战吧。

【设计意图】"六模"教学之诵记：诵读是古诗文教学最基本的方式之一。古诗读起来抑扬顿挫，具有音乐之美，只有动之以口、诵之于声才能领会于心，教师以多种方式指导学生读正确并读出韵味。

任务二：诗中有画，想象入境

教师引导学生古风今绎，想象画面。

1. 读诗如画知习俗

（1）赛一赛，谁能读出诗中描写的画面？

教师出示要求：默读古诗，借助注释，联系生活，想一想诗人写了哪些春节习俗？用横线画出诗中与春节习俗相关的词语。

（2）梳理习俗：宋人过年有哪些习俗呢？同学们圈画了哪些词？交流三种习俗：放爆竹、饮屠苏、换桃符。

2. 辞旧迎新爆竹响

（1）（播放鞭炮声）这是什么声音？——噼里啪啦响，引出诗句"爆竹声中一岁除"。

（2）交流解字："岁"在诗中是什么意思呢？（年的意思）教师引导学生交流之前学过的一首古诗："离离原上草，一岁一枯荣。"新年的鞭炮声告诉我们什么？（旧的一年结束了）"除"在这里是逝去的意思，在劈里啪啦的爆竹声中，送走了旧年，迎来了新年。

（3）师质疑：古人为什么要放爆竹呢？（学生交流）

教师提示：古人燃放爆竹是为了驱除邪魔鬼怪，以求得新年的平安，他们希望新年大吉大利。古诗背后的故事也值得我们探究！

（4）教师指导朗读：到处都响起了鞭炮声，呈现出一派热闹的景象。此时你的心情如何？（非常开心，乐开了花）请同学们带着这样的心情读好诗句。

3. 满含暖意饮屠苏

（1）过渡：这热闹中还藏着春风的暖意——"春风送暖入屠苏"（指名读）。

（2）理解屠苏："屠苏"在这里指什么？（从注释中找答案）

（3）引出关于屠苏酒的资料：你们知道它背后的故事吗？

教师出示资料：屠苏酒是中国古代春节时饮用的一种药酒，又名"岁酒"。相传正月初一饮屠苏酒可以避邪，不染瘟疫。据说屠苏酒是汉末名医华佗创制而成，又由唐代名医孙思邈发扬光大的。饮用屠苏酒，要按照先幼后长的顺序，原因是小孩过年又长一岁，大家要祝贺他，而老年人过年则又少了一年的生命，迟一点喝，含有祝他们长寿的意思。

教师引导学生借助资料进行交流：这"春风送暖入屠苏"的屠苏酒是一杯什么酒呢？（预设：团圆酒、祈福酒、避邪酒、长寿酒）

（4）引导学生想象：大年初一，全家人欢聚一堂，迎着和煦的春风，品着屠苏酒，他们可能会说些什么呢？（点拨）爸爸妈妈对孩子们说（　　），孩子们对爷爷奶奶说（　　），爷爷奶奶笑得嘴都合不拢了。大家互相祝福着，心中涌起一股暖流，不禁吟道——"春风送暖入屠苏"。

（5）教师指导学生有感情地朗读：喝了这屠苏酒，心里都是暖洋洋的（教师点出"暖"字，要求男生和女生分别读）。新年的祝福、新春的美好都包含在这杯酒里了（全班齐诵）。

4. 千家万户迎红日

（1）过渡：人暖、心暖、天地暖，温暖人心的不仅是这春风、这屠苏酒，还有那初升的太阳，这就是——"曈曈日"。

（2）提问：它把明亮耀眼的光辉洒向了哪儿？——"千家万户"。

（3）教师指导学生有感情地朗读：新年好春光，一年好兆头啊！（齐读诗句）

5. 年年岁岁换桃符

（1）过渡：这是新年美好的第一天！人们都出门迎接朝阳。迎着红日，人们又在干什么呢？（喜洋洋地用新桃符换下旧桃符）（教师引读诗句）

（2）认识"桃符"："新桃""旧符"分别指什么？

你们知道桃符吗？（学生交流）

教师提示：古人认为桃木是一种神木，在桃木上写上字或画上画，就可以避邪祈福，后来桃符就逐渐演变成了我们今天的春联。

教师拓展春联知识：你家今年春节贴春联了吗？（出示春联图片）春联该怎么读呢？（指名读，从右往左读）春联中包含着满满的祝福与希望。

（3）教师引导学生理解"总"字："总把新桃换旧符"，同学们从"总"字中隐隐约约感觉出了什么？（预设）每家每户都换桃符，每年都换，无论在哪个年代，无论在什么地方，所有的中国人——（引读诗句）

师总结：真是——"年年岁岁换桃符"，"岁岁年年迎新春"，一派辞旧迎新的景象。

6. 由诗到画情景现

（1）过渡：俗语说"诗中有画"，在这首诗中，我们一起读出了哪些画面？（"放爆竹""饮屠苏""换桃符"）

（2）教师出示要求：请同学们联系自己的过节经验，想象当时情境，把看到的画面说完整。

（3）教师提供支架：想把画面描述得绘声绘色，老师赠送三个锦囊（锦囊1：可以抓住"爆竹"的声音。锦囊2：可以抓住人们饮酒时的语言、动作、神态，用上"时而……时而……"连起来说说。锦囊3："夺目耀眼的阳光洒向……人们正在……真是一派辞旧迎新的景象！"）。

7. 由画到诗巧勾连

教师分别呈现四幅诗意图，请学生读出与之相符的诗句。

【设计意图】古诗篇幅短却意味长，理解古诗必然不可缺少想象，"六模"教学注重学古诗要能将古诗所描写的人、事、景、物与自己的生活经验进行关联，教师要引导学生通过想象与联想，将古诗还原成可观、可感、可亲、可近的图像或画面。

任务三：诗中有情，知人论世

（一）补白背景心愿晓

1. 补白诗歌创作背景

诗中不但有画还有情，"一切景语皆情语"。同样的时刻，同样的气氛，不同的人，不同的心境，会有不同的心愿。王安石写这首诗的时候是49岁，在美好的春节，诗人想表达什么样的心愿呢？

2. 出示诗人创作背景

20岁以前，王安石随父南北游学，了解民生疾苦。从21岁起，他当过地方官员，做了许多有益于老百姓的事。王安石在49岁时被任命为宰相，主张变法，废除旧制度，实行新制度，为的就是让国家更富强，让老百姓安居乐业。此诗的创作背景是：王安石初为宰相执行新政时，由所看到的新年家家忙着过春节的欢乐景象，联想到新政策也能给国家带来新气象，有感而发，创作了此诗。

（二）品析诗眼悟诗情

1. 品析诗眼

新的政策推行了，王安石的心情怎样？（预设：兴奋、激动、充满信心）诗中的哪个字淋漓尽致地写出了诗人此时的心情？

总结：由一个"暖"字我们体会到了作者当时是无比喜悦的，是充满希望的。他希望新政就像温暖的阳光照进千家万户，就像人们用新的桃符换掉旧的桃符一样——除旧布新。

2. 动情吟诵

让我们把人们过春节时的热闹与欢乐、诗人的期盼与希望化作最动人的吟诵吧。（提示：吟诵时要抬头挺胸，整理情绪）

【设计意图】悟情是"六模"教学的核心模块之一，诗人所抒发的情感源于其自身的人生经历，附着在相关联的景与物上，表现在诗中的关键词眼中。此处的教学设计是知人论世悟诗情，教师应补充诗歌的创作背景，引导学生结合诗人的人生经历去感受诗中表达的情思。

任务四：拓展延伸，文化渗透

（一）诗句延展，读出情景

从古至今，写春节的诗歌数不胜数，其实春节还有不少习俗呢。教师出示诗句，引导学生交流读到的春节习俗、看到的春节画面。

儿童强不睡，相守夜欢哗。——宋代苏轼《守岁》

百十钱穿彩线长，分来再枕自收藏。——清代吴曼云《压岁钱》

（二）总结学法，延伸课堂

传统节日是中华民族悠久历史文化的一个组成部分。从流传至今的节日风俗里，我们可以清晰地看到古代人民精彩的生活画面。我们一起从诗中了解节日习俗，还原过节情景，感受诗人情思。让我们带着这种方法走进传统节日清明、重阳，去感受不同的习俗，领略诗人不同的心境！

【设计意图】教师通过拓展节日知识，一是深化这一课的学习主题，让学生对祖国的传统节日有更深入的了解；二是引导学生感受中华民族文化的魅力，激发学生的学习兴趣。这样的教学方法有助于遵循新课标理念，将发扬中华优秀传统文化落到实处。

点评

"六模"即造境、通言、想象、悟情、品语、诵记六大古诗文教学核心模块，在古诗《元日》的教学设计中，教师将这六大模块较好地进行了融合，学生可以通过学一首诗，看见一个人、一段历史、一个节日、一些传统习俗。

在开场，教师便以富有文化感的导语开启了一个单元的文化之旅，现场播放的一段欢快的音乐渲染了快乐的情境，奠定了本诗甚至本节课欢乐的基调，这便是造境。紧接着教师引导学生读出韵味、读出画面、读出情感，不走字字翻译、句句解释的老路，而是由诗到画，诗画转换，立象尽意。通过引导学生走进节日背后的故事，了解习俗，想象过节情景；通过引导学生走进诗人背后的故事，以"暖"字点诗情。通过多种形式的诵记，由诗到画再由画到诗，使诗歌在语言和画面间形成互文关系，激活并巩固学生的记忆。最后，教师整合同一节日题材的古诗进行拓展，延伸了课堂，进一步渗透了中国节日文化，实现了把诗读厚的教学目标。

（教学设计：苏州高新区通安中心小学校张月；评析：郑先猛）

深耕文化，读精、读细
——三年级下册第九课《古诗三首》第二课时教学设计

一、教学内容

《清明》《九月九日忆山东兄弟》。

二、教学目标

（1）读古诗，读准字音，读出节奏与韵味。

（2）理解两首古诗的大意，能够用自己的话描述这两首古诗所描绘的清明和重阳节的情景，体会诗人的情感。

（3）了解传统节日清明、重阳，感受传统文化。

三、教学过程

任务一：触清明之哀思

（一）旧知回顾，解题清明

1. 复习《元日》，导入新课

在上节课的学习中，我们跟随王安石走进了传统节日"元日"，让我们一起读出节奏韵味，一起了解节日习俗，还原过节情景，感受诗人的情思。（学生齐诵《元日》）

这节课我们就运用《元日》的学习方法来学习《清明》和《九月九日忆山东兄弟》这两首古诗。

2. 谈话解题，了解清明

（1）你了解清明吗？（师生交流）

教师提示：清明兼具节气和节日双重身份。

教师点拨：清明时节雨水增多，万物"吐故纳新"。《岁时百问》记载："万物生长此时，皆清洁而明净，故谓之清明。"作为二十四节气之一的清明，是春耕春种的大好时机。清明这一天，人们有踏青游玩的习俗。作为节日的清明，时间在每年的4月5日前后，是民间寄放情感的传统节日，人们会在这一天扫墓、祭祀祖先，抒发心中的惆怅、伤感。

3. 齐读课题，诗情初感

（1）学生齐读课题。

（2）教师点拨：清明是一个欢笑和泪水交织的节日。

【设计意图】"授人以鱼不如授人以渔"，学生自主学习的能力需要教师提供方法的引导。教师通过师生谈话创设清明情境，采用"六模"教学策略全面解读诗题。

(二) 诵读《清明》，感受韵律

1. 初读诗歌，正确通顺

(1) 学生自读，要求：放声读课文，把字音读准确，把诗文读通顺。

(2) 教师指名读。(重点关注"魂""酒""牧"和"纷""村"的读音是否正确，断句是否自然)

2. 读好节奏，读出诗韵

交流、朗读。(指导学生读出节奏感)

(1) 教师指名读。(着重指导读出抑扬顿挫之感)

(2) 教师示范读。

(3) 学生自由读。

(4) 学生齐读。

(5) 师生合作读。(师生变化读：教师读每行的前四个字，学生读每行的后三个字)

【设计意图】诵读是"六模"教学不可或缺的环节，教师指导学生用不同的方式朗读古诗，正确读准古诗内容，读出古诗的韵味，不仅有助于学生正确理解古诗，也为最后的"记"打下基础。

(三) 品语析言，触摸诗情

1. 感知"雨纷纷"的精妙

(1) 师生谈话："人间三月芳菲始，又是一年清明时"。在这惠风和畅、气清景明的日子里，人们去扫墓，你们知道他们在扫墓的过程中都会做些什么吗？(预设：献花、拔草、添土)

(2) 启发学生思考：来到亲人的墓前祭扫，是对逝者的怀念，勾起的是对过去美好生活的回忆，这时你的心情是怎样的？(预设：难过、伤心、悲伤)

(3) 过渡：古代，人们在清明这一天或上坟祭祖，寄托哀思，或踏青游玩，放松心情。清明虽然是柳绿花红、春光明媚的时节，可天气也容易发生变化，可能前一刻还阳光明媚，后一刻就下起了雨。

(4) 思考：诗中是怎样形容清明时节的天气的？(雨纷纷)(师生讨论)

教师提示：这雨，不是大雨，而是细雨，纷纷细雨。行路之人，春衫尽湿，如果扫墓途中遇上绵绵细雨，你的内心会怎样？(预设：更忧愁，伤心、难过、想念亲人的感情会更深……）

2. 体会"欲断魂"的心境

（1）无限的忧愁与哀绪，诗人杜牧是怎样描绘的？（欲断魂）

教师指导学生朗读：这春雨朦朦胧胧、纷纷绵绵地飘来，映照的是人的心情。增添了人们的愁情、哀绪和凄凉之感，仿佛清明节就是一片忧伤的海洋。

教师指名读诗句"清明时节雨纷纷，路上行人欲断魂"，要求读得低沉、缓慢些。

（2）一春的愁云，一路的风雨，路上会有哪些行人？

教师指导学生根据行人的不同类型，分别读出"欲断魂"的感受。（扫墓的人、回家祭祖的人、漂泊在外的人、诗人）

（3）雨是清明特有的景观，杜牧遇到这样的天气，为什么也会"欲断魂"呢？

教师引导学生走进诗歌背后的故事，补充背景资料：杜牧是晚唐诗人，出身名门望族，文武双全，对《孙子兵法》很有研究。当他正值壮年，想要大展拳脚的时候，却报国无门，遭到了当朝宰相的排挤，被外放为黄州刺史，被迫离开京城。杜牧在池州做刺史的这年清明，看到人们纷纷为祖先扫墓，家人团聚，游玩观赏，自己却远离家乡，不能亲自为亲人扫墓，触景伤情，写下了《清明》这首诗。

教师引导学生借助资料思考：此时的杜牧心情如何？忧伤（伤感，想念亲人、家乡，孤独，悲凉……）

（4）教师引导学生有感情地诵读："春光正好清明时，柳絮青冢寄哀思"。请同学们齐读"清明时节雨纷纷，路上行人欲断魂"，注意要读出心中的悲凉、凄冷、孤独。

3. 引导学生感悟"问酒家"的愁情

（1）此时杜牧心中充满无限忧愁与孤独，他用什么方式来寄托自己的忧愁呢？他是怎么做的呢？（借问酒家何处有？）

（2）教师要求学生读出疑惑：请大家轻声读第三、第四句，会读书的人，能读出疑惑、读出问题，你能读出有价值的问题吗？（重点问题预设：诗人为什么要找杏花村酒家？）

（3）师生讨论：喝酒解闷（杏花村酒的故事）、住宿、歇歇脚、驱驱寒、祭奠等。

（4）此时的杜牧如此忧愁，难道这忧愁只能借酒来消除吗？还能找到其他的消愁方式吗？

① 师补充资料：

"况是清明好天气，不妨游衍莫忘归"——宋理学家程颢《郊行即事》（清明是个好天气，不能辜负，踏青游乐是必须的，但是不能乐而忘返）

清明前后扫墓时，差不多全家出发，旧时女人外出时颇少，如今既是祭祀，并作春游，当然十分踊跃。扫墓时候常吃的还有一种野菜，俗称草紫，通称紫云英。——周作人《上坟船里》

四为踏青，就是桃花盛开，民众踏青郊游。五为民俗，清明射柳，是一种寓军事于娱乐的节日活动。辽南京、金中都，从朝廷到庶民，仕女云集，风气极盛，表现了习俗的民族性。富察敦崇《燕京岁时记》记载，京城民众，还荡秋千，嬉戏为乐。——阎崇年《清明时节话感恩》

② 借助资料交流：你觉得杜牧还可以借助什么方式来排解苦闷与忧愁呢？（预设：在古代，清明节的时候人们也是非常崇尚运动的，这一天人们会去踏青游玩，还会荡秋千等。）

4. 探究"杏花村"的点缀

在诗人眼中，清明除了"雨纷纷"，还有"杏花村"。杜牧形单影只，却遇上了江南的清明，于是有了"雨纷纷""欲断魂"。"杏花村"，暖暖的颜色，为恼人的愁雨天增添了一抹亮色，诗人的一腔愁绪里悄然含有丝丝宽慰。

教师指导学生有感情地朗读"借问酒家何处有？牧童遥指杏花村"。

5. 语言造境点"清明文化"

教师总结：无论是祭祀、扫墓的肃穆、哀思绵绵，还是踏青游玩的悠闲惬意，清明这个传承了两千多年的节日，连接着生和死，人们在这一天会同时感受着乐和哀。或许先民把清明节定在生机勃勃、繁花似锦的春日里，正是想告诫我们：逝去无须太过伤痛，要学会热爱生命，珍惜当下。清明扫墓之际，也是亲人团聚之时，中华民族的文化积累和精神传承，也将由此而代代延续，生生不息。

【设计意图】教师组合运用"六模"教学中的品语、悟情和诵记，抓住重点词语引导学生理解古诗，品味诗人用词之妙，培养学生对语言的感悟能力；通过让学生在想象画面的同时朗读，感受古诗的意境，在字里行间寻觅诗人当时的情感，使学生对古诗能有更加直观和深入的理解。

任务二：寻重阳之乡愁

（一）探索重阳解诗题

1. 读课题

教师强调：读好题目，注意停顿、节奏、重音。

教师引导学生思考："九月九日"是什么日子？你知道这一天有什么习俗？

出示儿歌：九月里，九月九，爬山登高饮菊酒。戴上茱萸避邪气，吃了花糕多长寿。（学生朗读、交流）

教师讲述诗歌背后的故事：九月九日是我们中华民族的传统节日——重阳节。在我国古代人的思想中，"六"为阴数，"九"为阳数，九月初九正好是两个阳数相重，所以人们把它叫作"重阳"，也叫作"重九"。重阳节是一个很重要的节日，这一天人们要举行各种活动，如登高、插茱萸、吃重阳糕、饮菊花酒等，人们认为这样不仅可以避灾，还可以求得长寿。

2. 解题意

请同学们说说"忆""山东""山东兄弟"的意思。

王维的家乡在华山以东的蒲州（现在的山西永济市），所以王维把家乡的兄弟叫"山东兄弟"。

（二）合作交流学新诗

1. 合作学诗，提示要点

教师要求学生先读准确，读出节奏，再交流古诗所描绘的画面，最后抓住关键词和课前了解的背景，说一说诗人所要表达的情感。

2. 汇报交流

交流朗读，展示画面。

教师提示：理解关键字词的意思（关键词："异乡"指他乡；"佳节"指美好的节日；"遥知"指远远地知道；"倍"指更加）。

教师引导学生想象并感悟：闭上眼睛，边听老师读，边想象诗中情景。

教师引导学生体会诗情（顺势点拨、提示）。

（1）抓住"独""异"二字，体会诗人在他乡举目无亲的孤独。

走进诗歌背后的故事：15岁那年，王维离开家乡，来到京城长安求取功名，实现个人理想。写此诗时，王维只有17岁，恰逢重阳节，诗人孤身漂泊在繁华的帝都倍感孤单，非常思念亲人。

教师借助资料启发学生思考：17岁的王维身处异乡为异客是什么滋味？哪一个字让你感受到了诗人的孤单？（独）

（2）教师引导学生抓住"佳节"，想象过节的热闹景象。

一个"倍"字道出了诗人在节日之际更加思念家乡的亲人。

教师创设情境，引导学生想象并朗读："独"的背后隐藏着一幅幅的画面，让我们插上想象的翅膀，走近王维当年的生活，寻找他那孤独的身影。中秋节到了，王维路过大院，人们亲朋相聚，举杯痛饮，王维却（独在异乡为异客），他怎能不（每逢佳节倍思亲）。重阳佳节到了，王维来到大街上，街上人来人往，热闹非凡，他却（独在异乡为异客），他怎能不（每逢佳节倍思亲）。春节到了，别人阖家团圆，走亲访友，其乐融融，王维却（独在异乡为异客），他怎么能不（每逢佳节倍思亲）！同学们，诗人是如此的孤独寂寞，怎能不思念家乡亲人！请同学们一起读"独在异乡为异客，每逢佳节倍思亲"，注意读出作者对家乡、对亲人的思念。

（3）抓住"兄弟"与"一人"的反差，体会诗人的思乡之情。

深情诵读：家乡亲人的一举一动那么清晰地浮现在眼前，自己却不能真实地与之拥抱、交谈，这种痛苦的滋味真是令人心碎呀！尽管心中"倍思亲"，可诗人只能面向东方诵读："遥知兄弟登高处，遍插茱萸少一人"。

教师引导学生想象并诵读：家乡的亲人团聚在一起时，又何尝不在思念着王维呢？他们登高远眺，无限的牵挂、担忧、思念涌上心头，他们一定也会面向远方，大声喊出："遥知兄弟登高处，遍插茱萸少一人"。

余音式诵读：这一幅幅画面中最令人遗憾的是"少一人"。"少一人"是王维心中最大的痛，也是家乡亲人心底最大的痛。"少一人"在王维和兄弟们心中不断撞击着，让我们共同来读出他们心中无限的思念。老师读一句诗，你们接着读这句诗的后三个字。

(三) 配乐诵读品乡愁

1. 配乐齐读古诗

看不见的是深深的乡情，舍不掉的是浓浓的亲情，当我们身在远方思念家乡、思念亲人时，我们也不禁吟诵起这首诗来。

2. 总结全诗

短短 4 句诗，仅仅 28 个字，将道不尽的离愁、诉不完的思念，曲折有致地铺展在我们面前。历经 1000 多年，当我们再次读起它时，涌向心头的又岂止是感动？在不知不觉间我们走进了这浓浓的乡愁，今后无论走到哪里，同学们都不要忘记亲人，不要忘记故乡。

【设计意图】引导学生回顾学法，自主学习古诗，从而达到一个由扶到放的过程。在学生互相交流的间隙，教师适当点拨，通过"六模"教学中想象与诵记的结合，反复诵读古诗，想象诗人处境，造境朗诵，从而感受诗人的思乡之情。

点评

《清明》《九月九日忆山东兄弟》同是中国传统节日类主题古诗，教师继续引导学生迁移第一课时《元日》的学法，体现了《古诗三首》教学设计的完整性。这样的教学同样处处体现和融合了"六模"教学的核心模块，并将之组合运用在教学设计的各个板块。

诵记在古诗教学中是一种一以贯之的方法，从自由练读到品析想象读再到深情诵读，教师引导学生把古诗所展示的形象与古诗的韵律、节奏、情感结合在一起，品味诗句的妙处，进而触摸诗人内心的情感。同时通过启发学生想象，填补诗句的空白之处，丰富诗句的语言和画面，使学生在边读诗边想象中，如临其境，如闻其声，在你一言我一语的沟通交流中，读懂杜牧的忧伤和王维的乡愁。

(教学设计：苏州高新区通安中心小学校张月；评析：施燕璟)

品语话田园 对比悟诗情
——四年级下册第一课《古诗词三首》第一课时教学设计

一、教学内容

《清平乐·村居》。

二、教学目标

(1) 通言写情：正确、流利地朗读课文，读出词的韵味。

(2) 品语悟情：通过借助注释、抓关键词等多种方法，理解大意，想象情境，体会田园生活的美好。

(3) 对比传情：通过比较阅读，初步学习文学作品的比较方法。

三、教学过程

任务一：有滋有味地诵读

(1) 聊一聊乡村话题。

(2) 赏一赏乡村画面。

(3) 读一读与乡村生活相关的词语。

茅檐　青青草　翁媪（ǎo）　锄豆　织鸡笼　剥（bō）莲蓬

正音："剥莲蓬""翁媪"。

(4) 理解"翁媪"的意思：哪一个字说的是老公公？哪一个字说的是老婆婆？

你怎么知道的？

【设计意图】此环节运用了"六模"教学中的通言策略。这首词中有些词句的用法是学生所陌生的，因此在学习伊始就要对这些内容进行突破，以降低学生的诵记难度。

任务二：有声有色地理解

(1) 宋朝著名词人辛弃疾把这些景、人及事融合在一起，写了一首美

丽清新的词——《清平乐·村居》。（板书，读题）

（2）教师范读，学生欣赏。

（3）要求学生自读，要读正确、读通顺。指名读，齐读，注意读出词的韵味。

（4）学生默读，并结合课文注释和插图理解《清平乐·村居》，想一想这首词描写了哪几幅画面。

教师总结归纳：茅檐青草图，白发翁媪图，三儿忙碌图。

【设计意图】古诗词教学不能机械地让学生逐字逐句进行理解、翻译。因此，这里运用了"六模"教学中的造境策略，即描绘三幅画面，让学生深入其中，理解乡村生活的美好。

任务三：入情入境地想象

（一）茅檐青草图

（1）同学们找到了词里的画，下面我们还要品一品画里的词。课文一开始就给我们展现了哪一幅画面？

教师出示：茅檐低小，溪上青青草。

（2）读到这一句词，你脑海中浮现出了一幅什么样的画？

教师引导学生思考：为什么用两个"青"？（板书：青）

（3）教师引导学生对比读，体会词的音韵美、节奏美。

（4）你最喜欢这首词中写人的哪一幅画面？（教师引导学生继续自主选择画面品读）

（二）翁媪逗趣图

出示："醉里吴音相媚好，白发谁家翁媪"。

（1）教师质疑：读到这句词你有什么地方不懂？

学生质疑，师生、生生交流"吴音""相媚好"等疑难点。

教师随机点拨：

① 吴音与北方方言的区别。

② 倒装句式……

（2）教师猜想：（板书：媚）。

教师引导学生猜一猜：从字形上看，一个女字旁、一个眉毛的"眉"字组合在一起，是什么意思？教师鼓励学生大胆猜测。

教师出示图片：

> 媚（象形字）
> 女子扬眉瞟目，取悦于钟情的男子——《说文解字》
> 动词——讨好，令对方高兴、愉快。

（3）引导学生想象："媚"在《说文解字》中被解释为女子扬眉瞟目以取悦于钟情的男子，后来用作动词表示"有意讨人喜欢"。

教师引导学生根据《说文解字》和诗歌的情境说说对"相媚好"的理解。

（4）想象词中人物说话：老公公和老婆婆怎样"相媚好"？他们会相互说些什么？（学生根据情境自由想象和表达）

（5）引读：醉里吴音相媚好，白发谁家翁媪。

（6）几千年前的《诗经》中有这样一句（出示）："执子之手，与子偕老。"老婆婆和老公公就这样牵着手幸福到老。

读："醉里吴音相媚好，白发谁家翁媪。"

（7）汉朝时期的苏武这样写道（出示）："结发为夫妻，恩爱不相疑。"

老婆婆和老公公就是这样一辈子恩爱到老。

读："醉里吴音相媚好，白发谁家翁媪。"

（8）词中的人物虽然住着低矮的草房，过着贫寒的生活，他们却踏踏实实、快快乐乐地白头偕老。

再读："茅檐低小，溪上青青草。醉里吴音相媚好，白发谁家翁媪。"

（9）读到这里，你怎么理解"醉"的意思呢？是谁醉了？

教师板书：醉。

再读："醉里吴音相媚好，白发谁家翁媪。"

（三）三儿忙碌图

教师出示："大儿锄豆溪东，中儿正织鸡笼。最喜小儿无赖，溪头卧剥莲蓬。"

（1）这段话中你觉得哪个词比较难理解，要提醒大家注意？（理解"无赖"古今词义的不同）

（2）你怎么看出小儿的顽皮、淘气（"无赖"）？读："溪头卧剥莲蓬。"教师引导学生体会"卧"：从"卧"字你感觉到了什么？（引导学生结合画面想象交流）

（3）小儿这么调皮可爱，大儿和中儿呢？读："大儿锄豆溪东，中儿正织鸡笼。"

（4）交流：为什么"最喜小儿无赖"？（板书：最）读中体会"最"。

【设计意图】本环节采用"六模"教学中的造境、通言、诵记策略，让学生在诵读中想象，在想象中体悟。对"媚""无赖"两个关键词的理解，能够以点带面地帮助学生想象整个场景，让课堂洋溢着浓浓的诗情画意。

任务四：纵横勾连地比较

（1）整体回顾：边读，边想象，边感悟，我们在《清平乐·村居》这首词中感受了田园生活的美好。请同学们齐读整首词。

古往今来，有很多诗人都钟情于田园山水，比如我们上节课学过的南宋范成大的《四时田园杂兴》。

（2）比较"相同"：你觉得这两首诗词有什么相同的地方？（归纳题材、内容等相同之处）

（3）比较"不同"：都是写田园生活，你发现《清平乐·村居》和《四时田园杂兴》在体裁、内容、写法上有什么不同的地方？

分小组合作探究（说一说）：

比较不同点	《清平乐·村居》	《四时田园杂兴》
体裁		
内容		
写法		

小组汇报，师生总结：正是因为有这么多的不同，每一首诗词才具有不同的美，散发着独特的文学魅力。

【设计意图】理解完这首词，就要与上节课学习的内容进行勾连。比较阅读，既能让学生了解山水田园诗的各项特征，又能加深他们对诗词本身的印象。这里采用表格的形式，将三首诗词进行比较，目标较为清晰、明确，也符合中年级小学生的认知特点。

（4）课后拓展。读到这里，我们还可以进一步探究——辛弃疾，南宋文学家、军事家，是著名的豪放派词人，他的作品充满了爱国情怀，为什么辛弃疾会写《清平乐·村居》这首词呢？课后同学们可查找词人辛弃疾的资料，把辛弃疾的《清平乐·村居》和他的另外一首词《破阵子（醉里挑灯看剑）》进行比较阅读，感受同一个词人在不同作品中表现出来的不同风格特点。

点评

《清平乐·村居》是一首描写农村生活的著名词作，对于当代一直生活在城市中的小学生来说，理解起来有一定的困难。因此，在设计这堂课时，教师应注重创造情境，把学生带入诗人所描绘的恬淡宁静的乡村生活图景。

《义务教育语文课程标准（2022年版）》在第二学段的"文学阅读与创意表达"学习任务群中要求"阅读描绘大自然、表现人类美好情感的诗歌、散文等文学作品"。"六模"教学就十分注重让学生通过品味语言进行想象并最终体悟情感。为了引领学生感知诗词的意蕴，也为了贯彻"六模"教学的核心，杜老师应用学习任务群的理念，依学而教，据学而生，引导学生咀嚼文字、品悟画面，让他们走进诗词的世界。

（教学设计：苏州市枫桥中心小学杜曦；评析：施燕璟）

造境悟情，寻味百年"孤独"
——五年级上册第二十一课《古诗词三首》第一课时教学设计

一、教学内容

《山居秋暝》《枫桥夜泊》。

二、教学目标

（1）读景寻画：想象所见所闻，初步体会两首诗中的动态和静态描写，并感知诗歌借景抒情的手法。

（2）吟诵品美：通过对读、想象读、资料铺垫引读等多种方法对两首诗进行多元吟诵，培养朗诵能力，背诵古诗，默写古诗。

（3）深探情思：借助小组合作，深度探究"王孙自可留"和"愁"的因，在思辨中培养品诗析句能力，透过景物体会诗人不同的情感。

三、教学过程

任务一：记诵，感音律之美

（一）诗题解析，初知大意

请同学们齐读课题《枫桥夜泊》，你们从中得到了哪些信息？（时间、地点、事件）

（二）发布任务，吟诵得味

活动1：朗读诗歌，读准字音，可标出吟诵符号，读出七绝诗的节奏感。

指名读，师生评价。（参考：字字有交代，每一个字的声母、韵母、声调都非常清晰，诗歌节奏分明，平长仄短，韵字也读得非常到位）

【设计意图】这里运用了"六模"教学中的诵记策略。《枫桥夜泊》全诗没有佶屈聱牙的字词，学生极易上口。教师从第一次读就要求学生"节奏分明""关注平仄"，这一有难度的诵读要求勾起了学生的挑战欲望，也还原了诗歌的音律之美。

读诗，不仅要读准字音、读出节奏，更要读出味道、读出感觉、读出感情。我们来用心听听名家各具风格的吟诵录音。

活动2：听名家录音，用一个词来表达你听完之后的感受。（播放央视主持人的吟诵录音）

（1）反馈：你用哪个词来表达你听完这首诗的感受？

（2）总结：孩子们，听《枫桥夜泊》，有人听出的是忧愁，有人听出的是寂寞，有人听出的是凄凉，也有人听出的是寂静。（板书学生说的词语）

【设计意图】这里继续深入运用"六模"教学中的诵记之法。听读也是诵记的重要手段，名家朗读更能给予学生优质的示范，在反复的诵读中，学生基本了解了诗意。这一教学过程既潜移默化地实现了"六模"教学中的通言，也为接下来的悟情做了铺垫。

任务二：悟情，品诗人孤独

（一）理解诗意初悟情

（1）同学们，好的诵读是从字里行间、从诗歌的声韵意义里感悟出来的。

（2）字里行间觅情感。请同学们反复吟诵诗歌，结合注释，看看插图，联系自己的生活，找找诗中哪些字词传递了诗人的感觉和情绪。

① 学生反馈，教师相机评价并补充。

"月"是唯一给诗人以光明的月亮，"落"是极快落下。落第之后的张继看着这一切，想到人生苦短，自己不能施展才华，只能看着年华像月一样无奈地落下，内心是多么忧伤啊。同学们，再吟诵一下这两个字，注意读出张继对自己生命境遇的感慨。

"乌啼"的"啼"为平声字，应该拉长读，好似诗人心底一声声的哭泣。

"霜"字介绍。教师出示图片：同学们，这就是"霜"。（字源解义）"霜"可不像它看起来这么美丽。《说文解字》里说："霜，丧也，成物者。从雨，相声。"上面的"雨"字头，表示跟天气、水汽有关，这些水汽遇到严寒，就结成小冰晶，凝结在果子和草叶上。"霜"在古代从来都是侵骨严寒的代称。

② 我们可以再听一听杨芬老师的吟诵。

杨芬老师把这句诗的第五个字"霜"字拉长了，这样处理是为了强调霜的严寒。可怜的张继蜷缩着躺在小船上，内心是多么凄凉啊。大家一起再吟诵一下："霜——满天——"

③ 第二行诗歌中的哪些字词向你传递着诗人寂寞孤独、忧愁凄凉的情绪呢？

"江枫"：江村桥和枫桥就在前方，黑黢黢的两道影子。

"渔火"：渔船上的微弱灯火，忽明忽暗，鬼火一般，凄凉恐怖。

"对愁眠"：除了理想不能实现、才华不能施展的苦闷，张继还在愁什么呢？

（预设：没有人陪伴，孤零零的张继看着月亮落下，看着黑黢黢的无言的江村桥和枫桥，看着忽明忽暗的点点渔火，听着乌鸦凄厉的啼鸣，满怀愁绪地躺在江上的小船里，等待着漫长黑夜的过去。)

④ 同学们，最后两行诗中又有哪些字词能让你体会到诗人孤独、忧伤的情绪呢？

"客"让我们仿佛能听到客居他乡、漂泊异地的张继心底的哭泣。

让我们静下心来，和张继一起倾听———（钟声缓缓响起）一声！一声！又一声！这清越空灵的寺庙钟声啊，声声敲打着诗人的心灵，声声过滤着诗人的愁绪，声声抚慰着诗人的忧伤。这钟声，仿佛在对张继说些什么呢？动笔写一写吧。

（3）总结：是呀，尽管愁绪万千，也没有明月相伴，然而，有了这空灵庄重的钟声，万般愁绪的诗人归于平静了。

（二）百年孤独我来诵

古往今来，尽管有很多人写过钟声，但没有多少人写得像张继这样扣人心弦，感人肺腑。让我们带上理解，用自己的方式吟诵《枫桥夜泊》这首千古绝唱。

（1）吟诵给自己听，尝试加入自己的个性化理解。

（2）诵读给同桌听，说说自己为什么这样（轻、重、缓、急）诵读。

【设计意图】这里运用了"六模"教学中的悟情策略。教师将通言与悟情相融合，引导学生逐句体会诗人情感的变化。在这一教学过程中，教师始终以学生为主体，以造境之法，将学生带到 1200 多年前的秋夜，以巧妙的问题——"哪些字词向你传递着诗人寂寞孤独、忧愁凄凉的情绪呢？"促进学生独立品悟诗情。

教师总结：同学们，这就是经典！今天，你读了《枫桥夜泊》，假如你以后有机会来到苏州枫桥，你一定要去看一座寺庙，是哪座寺庙呢？寒山寺。你一定会想到一个人，张继。你一定会情不自禁、充满深情地吟诵一首诗，这首诗就是《枫桥夜泊》。来，我们一起吟诵——（师生集体吟诵《枫桥夜泊》）

任务三：通言，诵七律之韵

过渡：同样是秋天，在不同的诗人眼中有不同的景致，不同的心境体会到的是不同的情感，王维看到的"秋"就与张继的"秋"有所不同。

（一）解析诗题，理解"秋暝"

（1）学生借助文中注释，初步理解"暝"的意思。教师解读"秋暝"。

（2）理解"居"字。

① 借助不同场景，用"居"字组词。在山中居住是（山居），在异国他乡居住是（客居），居住时不想让别人发现是（隐居）。

② 王维在终南山久居，这首诗写的就是他在此期间看到的情景。

（二）发布活动，由韵入情

1. 读韵律

（1）自由朗读古诗，读出七律诗的节奏。

（2）采用多种形式读，要求读出音韵美。读诗不仅要读出节奏，还要读出韵味。你们读一下每句诗的最后一个字，发现什么规律了吗？

（引导学生发现"秋""流""留""舟"都押同样的韵，指导学生在诵读时将韵脚拉长）

2. 赏韵味

（1）同学们，朗读这首诗时，你们看到了哪些事物？

（2）通过对诗中景物的分析，感受作者的高洁品格。

① 古人说："诗中有画，画中有诗。"通过诗中的这些事物，同学们能看到哪些景致呢？

② 仔细观察课文插图，你发现了什么？（板书：一静一动、一景一人）

③ 王维住在这样山清水秀的环境中，看到的肯定不仅仅是这些景物。那他为什么只写了明月、松树、清泉、石呢？（这正是作者的人格写照，这些事物体现了作者高洁的品质。）

任务四：走近诗人，感受空灵

1. 结合经历，感受"空"

（1）教师介绍王维的人生经历和创作背景。

（2）这山真的是空的吗？（是因为作者在宦海中沉沉浮浮，他渐渐地看淡了一切，他的心静了。所以作者虽然是独自留在山中，却不觉得孤单）

2. 借助音乐，感受"留"

（1）教师播放歌曲《山居秋暝》：请同学们跟随音乐一起来唱一唱。

（2）歌曲最后一句为什么要唱两遍呢？这是总结之句，表达了作者想要留在此情此景中的心愿。

总结：穿越千年的诗文，让你对张继不再陌生，尽管你和张继相隔千百年，寒山寺的钟声犹在耳畔；穿越千年的诗文，让你对王维不再陌生，那个清幽闲适的秋日黄昏似在眼前。同学们，这就是经典的魅力！这就是吟诵的力量！

【设计意图】教师在引导学生迁移学习《枫桥夜泊》时，运用"六模"教学中的通言、想象、悟情等方法，学习新的诗文。在《山居秋暝》的学习中，学生将学习古诗的方法进行实践、内化，从而习得"情景交融"类诗词的评析方法。

点评

《枫桥夜泊》是唐朝诗人张继创作的一首耳熟能详、童叟皆知、流传千年而历久弥新的诗篇。全诗写诗人夜泊枫桥的所见、所闻、所感，虽句句写枫桥夜色，却字字含旅人愁思。《山居秋暝》同为情景交融的诗歌，表达的中心、情感与《枫桥夜泊》不尽相同。

程老师执教的这节课，教学设计颇具匠心。整堂课，教师主要采用"六模"教学中的品语、想象、悟情等教学方法，并适时借助资料的补充、动情的音乐与画面的渲染，来引领学生在读中想象、在思中感悟、在悟中升情。40分钟的课堂，教师为学生搭建了一个平等对话的平台，营造了一种民主和谐的学习氛围。在整个教学过程中可以看出教师不"越位"，语言少而精，点拨恰到好处。学生在自主感悟和教师的巧妙点拨、适时引领中反复吟诵、想象补白、情境对话、切己体悟，探寻到诗歌传达的情趣，从而在脑海中浮现出一个个生动而充满文化内涵的意象，最终教师在两首诗歌、两位诗人、众多学生之间搭建起了一座"对话"的桥梁。

（教学设计：苏州市枫桥中心小学程子桐；评析：郑先猛）

唤醒童心，探寻宋诗中的童趣生活
——五年级下册第一课《古诗三首》第一课时教学设计

一、教学内容
《四时田园杂兴》（其三十一）。

二、教学目标
（1）随文识字：会认"昼""耘"等4个生字，读准1个多音字"供"，会写"昼""耘""桑""晓"等4个字。

（2）记诵品美：有感情地朗读课文，背诵课文，默写《四时田园杂兴》（其三十一）。

（3）想象知趣：理解诗句，想象画面，体会诗中蕴含的童真乐趣。

三、教学过程

任务一：了解单元背景，走近诗人

（一）单元导入，猜读诗题

1. 单元导读

冰心的话：每一个人都有他自己的童年往事，快乐也好，辛酸也好，对于他都是心动神移的最深刻的记忆。

2. 创设情境，明确单元学习任务群

谈话导入：同学们，我们班要成立一个编辑部，共同出版一本名为"童年"的书。想要出版它，需要我们搜集整理童年的许多故事。该怎么做呢？通过本单元的学习，我们将搜集到三个板块的内容进行编辑，这三个板块分别是探秘古代儿童生活、追忆名家的童年时光、探寻你我的成长故事。本节课，就让我们先穿越到千年之前的宋朝，看看古时候的小孩子都玩些什么。你们想知道吗？今天我们一起来学习《古诗三首》中的一首。

3. 猜读诗题

童年生活历来都是诗人笔下最美的画卷，诗人范成大将带领我们感受什么样的儿童生活呢？现在我们一起来学习本课的第一首古诗《四时田园杂兴》（其三十一）。

（1）教师引导：猜猜诗题的意思。读了诗题，你会有什么疑问呢？

（2）教师相机点拨：诗人看到一年四季不同的田园景色，会有很多感想。同学们可以尝试抓住重点词进行突破，然后将重点词的意思串联起来，用自己的话猜出古诗题目的意思，也可以用这种方法来理解诗句的意思。《四时田园杂兴》共60首，我们今天学的是其中的第三十一首。

（二）走近诗人，了解背景

教师引导学生了解作者范成大。（出示作者的资料）

【设计意图】这里运用了"六模"教学中的造境策略，教师首先通过谈话导入，激发学生的兴趣，勾连自己的童年生活，进而为后面的古诗文学习打下情感基础，激发学生的学习热情。接着教师创设真情境，成立班级编辑部，布置真任务，即出版一本书。随后，教师通过猜诗题的方式巧妙设置疑问，让学生带着问题学古诗。

任务二：初识宋代童诗，通言释义

（一）初读古诗，感知诗意

1. 读准字音，读出节奏

（1）指名学生读古诗。教师正音。

（2）想想这首诗描写的是什么季节的田园风光？（夏季）教师引导学生：从哪个词看出来的？理解"桑阴"。"桑"就是桑树，"桑阴"就是桑树成荫了，当桑树成荫时，就是夏季了。

（3）引导学生读出古诗的节奏。

2. 检查生字词预习情况

昼夜　耘田　供耕织

指名学生读，然后正音，接着再齐读。

3. 指导书写

教师指导学生正确书写汉字"昼""耘""桑"。

（二）习得方法，自学古诗

（1）引导学生习得学古诗的方法。

教师引导：这首诗语言简练，但含义深远，所以在学习的过程中，我们先要了解这首诗的大意。平时遇到一首新的古诗，你是怎么学的呢？

学生交流学习方法：借助诗句旁边的注释，读懂重点字词的意思，把这些词的意思串起来就是每行诗句的大意，再把每行诗句的大意连起来用自己的话来说，就是整首诗的意思。

（2）学生借助这个方法自学古诗。（课件出示自学提示）

学生默读古诗，借助注释或工具书理解字词的意思。

学生开展四人小组学习，交流不理解的词语，并说说古诗的大意。

（3）全班交流，小组汇报古诗的大意。

【设计意图】学生的自主学习需要教师的牵引与指导，即"授之以渔"。教师在课堂上引导学生开展小组学习，学生受益非浅。

任务三：走进宋代儿童，想象悟情

（一）再读课文，理清脉络

1. 读出感情，想象画面

（1）教师指名学生读"昼出耘田夜绩麻，村庄儿女各当家"。

（2）教师要求学生结合注释说一说"耘田"和"绩麻"分别是在干什么。（锄草；搓麻线）

（3）教师要求学生查工具书说一说"各当家"是什么意思。（各忙各的农活）

（4）再读一读这两句诗，你仿佛看到了什么画面？（全班交流眼前浮现的画面）

2. 观察插图，感悟诗境

（1）插图也能帮助我们感受诗情。请同学们仔细观察课文中这首诗的插图，这样的劳动在我们眼里是辛苦的、忙碌的，但在当时，这种男耕女织的生活是人人向往的。一天的辛苦劳动后，回家看到妻儿各做各的事情，这样温馨的画面，使劳动的疲倦、劳累一扫而光，这种快乐与满足就是从劳动中得到的。难怪诗人看到村子里那繁忙而井然有序的劳动场面时不禁感叹——（学生接读）"昼出耘田夜绩麻，村庄儿女各当家"。

(2) 不只是村子里的男男女女各尽所能，做着分内的事情，就连小孩子们也——（学生接读）"童孙未解供耕织，也傍桑阴学种瓜"。从诗中描述的小孩子学种瓜的情景中，你又获得了怎样的感受呢？

（二）想象画面，体会乐趣

(1) 指名学生读"童孙未解供耕织，也傍桑阴学种瓜"。

(2) 请同学们结合注释说一说"解""供""傍"和"阴"分别是什么意思。（懂得；从事；靠近；树荫）

(3) 请同学们再读一读这两句诗，说说你眼前浮现出了怎样的情景，体会其中的乐趣。（全班自由交流）

(4) 教师小结：能帮家里做力所能及的事也是快乐的。一起快乐地读这首诗的最后两句——（学生接读）"童孙未解供耕织，也傍桑阴学种瓜"。

【设计意图】"六模"教学重视学生想象能力的培养，教师在教学中要让学生将古诗中描写的人、事、物、景通过插图联想与生活勾连，还原出当时的场景。

任务四：走近宋代儿童，诵读品悟

（一）赏读古诗，感悟诗情

1. 读出诗味，体会诗情

(1) 全班有感情地朗读古诗。这首诗表达了诗人怎样的思想感情？（表达了诗人对儿童的喜爱和对田园生活的向往之情）

(2) 这样和谐、温馨的劳动场面感染了诗人，让他深深地爱上了这片土地，爱上了这里勤劳朴实的人们，更爱上了温馨美好的田园生活。大家闭上双眼听老师在配乐中朗诵古诗，说说你眼前浮现出了怎样的情景，体会其中的乐趣。（全班自由交流）

2. 学生背诵古诗，默写古诗

(1) 全班有感情地朗读古诗，背诵古诗《四时田园杂兴》（其三十一）。

(2) 默写古诗《四时田园杂兴》（其三十一）。

【设计意图】"悟情"是诗歌学习中的核心环节，诗人用清新的笔墨描写儿童生活，正是引导孩子们去感受他想表达的对于乡村生活的向往与赞美。

点评

　　王老师在古诗《四时田园杂兴》（其三十一）的教学设计中较好地进行了"六模"的板块融合。开场便以富有文化感的导语开启了一个单元的文化之旅，教师用谈话导入，勾连学生的童年记忆，这便是基于大单元建构学习任务群，目的是使学生在刚学习本单元时就对整个单元的学习任务有一个整体的认知。同时，成为编辑部的成员参与编写童年故事的任务又能成为学生学习古诗的驱动力。

　　紧接着教师引导学生将古诗读出韵味、读出画面、读出情感，由诗到画，诗画转换，立象尽意。接着教师通过造境，引导学生了解诗人，想象当时的情景，并通过多种形式的记诵，由诗到画，再由画到诗，在语言和画面间形成互文关系，激活并巩固记忆。最后配乐朗诵，进一步渗透主题，让学生加深理解，更加热爱传统文化。

（教学设计：苏州市枫桥中心小学王婧馨；评析：施燕璟）

走进儿童，采撷宋诗中的童年"趣果"
——五年级下册第一课《古诗三首》第二课时教学设计

一、教学内容

《稚子弄冰》《村晚》。

二、教学目标

（1）会认生字"稚"，会写"晓"字。
（2）有感情地朗读、背诵古诗《稚子弄冰》。
（3）理解古诗《稚子弄冰》的意思，体会诗人表达的思想感情。
（4）会认生字"漪"。
（5）有感情地朗读、背诵古诗《村晚》。
（6）理解古诗《村晚》的意思，体会诗人表达的思想感情。

三、教学过程

任务一：了解背景，走近诗人

（一）造境渲染，巧入古诗

（1）谈话导入：童年是纯真、难忘的岁月，身处童年时期的同学们，你们正经历着人生的快乐时光，一切都是新鲜的，一切都是美好的。古时候儿童的生活是怎样的呢？从许多喜爱儿童和富有童心的诗人为我们留下的诗词中，我们能清晰地看到古时候儿童的生活情景。现在我们就一起来学习本课第二首古诗《稚子弄冰》。

（2）板书诗题，齐读诗题。

（3）指名学生猜诗题的意思。

师总结："稚子"是指幼小的孩子。出示"弄"的字典解释，要求学生说说诗题的意思。（"弄"是玩的意思，古诗题目的意思是幼小的孩子玩冰）

（二）走近诗人，了解背景

（1）了解诗人杨万里。（出示诗人的资料）

（2）学生自由朗读古诗。

（3）布置任务：将《稚子弄冰》改写成小短文，编入我们的"探秘古代儿童生活"章节。

【设计意图】疏通语言，巧妙释题。走近作者，了解创作背后的故事。

任务二：初读古诗，通言释义

（一）初读古诗，感知诗意

（1）读准字音，读出节奏。

① 指名读古诗，图片辨析"银钲/玉磬"（相机正音："钲"应读"zhēng"，"磬"应读"qìng"）将上述词语放回诗句，再读古诗。

② 这首诗描写的是什么季节发生的事？（冬季）

③ 教师引导学生给古诗划分节奏，并引导学生朗诵古诗。

（2）检查生字词预习情况。

指名学生读，正音，再齐读。

（3）指导学生正确书写汉字"晓"。

（二）运用学法，理解诗意

（1）让学生运用学习第一首古诗的方法，自学这首古诗，理解诗意。借助注释或工具书理解诗意。

读古诗，想象画面，体会其中的乐趣。

（2）稚子是如何玩冰的？

① 圈画玩冰的动作，梳理稚子玩冰的顺序（脱、穿、敲、碎）。

② 将玩冰的顺序连起来说一说。

（3）从这几个动词中，你感受到了什么？

这首诗通过对儿童一系列动作的描写，如"脱"字，形象传神地写出了稚子玩冰的样子，表现了儿童的天真烂漫。

过渡：冰好玩吗？其实诗人早就写进诗里了，我们一起去看看吧！

【设计意图】学生的自主学习需要老师的牵引与指导，即"授之以渔"。教师巧用学习第一首诗的方法，鼓励学生自主探究，通过真听、真玩、真感受，让学生切实体会到玩冰的乐趣，并能把玩冰的过程表达得更加丰富。

任务三：品读古诗，初探诗境

（一）品读悟情，想象画面

（1）读出感情，想象画面。

① 指名学生读"稚子金盆脱晓冰，彩丝穿取当银铮"。

② 结合注释说一说"稚子""金盆脱晓冰""铮"分别是什么意思。（"稚子"是指幼小的孩子；"金盆脱晓冰"是说早晨从金属盆里把冰取出来；"铮"是一种金属打击乐器）

③ 再读一读这两句诗，说说你眼前浮现出了怎样的情景，体会其中的乐趣。（全班自由交流）

（2）弄冰好玩在何处？除了稚子玩冰的动作让你觉得好玩，诗歌中还有哪些地方也让你体会到玩冰的快乐呢？找出来，说明理由。（预设一：声音；预设二：表示颜色的词语）

（二）想象画面，体会情境

（1）指名学生读"敲成玉磬穿林响，忽作玻璃碎地声"。

（2）结合注释说一说"磬""玻璃"分别是什么意思。（"磬"是一种用玉或石制成的打击乐器；诗中的"玻璃"是一种天然玉石，也叫

"水玉",并不是现在的玻璃)

(3) 再读一读这两句诗,你仿佛看到了什么画面?有声有色地说一说吧。

(4) 多么调皮的孩子,他从金属盆里把冰取出来——(学生接读)"稚子金盆脱晓冰";多么聪明的孩子,他用彩色的线把冰块穿起来当作钲来敲——(学生接读)"彩丝穿取当银钲";多么快乐的孩子,敲出的声音像玉磬声一样穿越树林,真好听——(学生接读)"敲成玉磬穿林响";多么沮丧的孩子,冰忽然掉在地上发出像美玉摔碎的破裂声——(学生接读)"忽作玻璃碎地声"。

(5) 教师小结:快乐也好,沮丧也好,这些活动对孩子来说都是心动神移的最深刻的记忆。对作者来说,他是多么羡慕这个无忧无虑、聪明可爱的孩子啊。

【设计意图】诵读是古诗教学必不可少的环节,教师引导学生边读边想,体会情境,画面场景的再现也为后面的诵记埋下了伏笔。

任务四:诵读悟情,拓展延伸

(一) 读出诗味,体会诗情

(1) 全班有感情地朗读古诗。

(2) 朗读古诗,背诵古诗。

① 学生有感情地反复朗读古诗《稚子弄冰》。(注意感情变化线)

② 学生自由背诵古诗《稚子弄冰》。

(二) 拓展延伸,采撷趣果

(1) 教师引导学生回忆杨万里写过的其他儿童诗(《宿新市徐公店》《舟过安仁》),撷取更多的古代儿童生活趣果。

这两首诗中的儿童在做什么?这样的儿童给你怎样的感受?

我们走进了杨万里笔下的古代儿童生活,感受到了那份自然的童真。其实古代儿童的生活还不止于此呢!

(2) 把古诗改写成小短文。

各位小编将《稚子弄冰》这个儿童故事改写成现代小短文,编进我们的《童年》故事集吧!

【设计意图】对于小学生而言,准确适度地理解诗人的情感是本课的重难点，教师应引导学生通过多种方式的阅读来悟情，体会诗句所蕴藏的情感。教师在教学中引进同题材的古诗，有助于拓展学生对于古代儿童生活的认识，进一步体会那份童真与快乐。最后的作业呼应开头的任务，将学习任务群一以贯之。

任务五：谈话造境，巧入古诗

（一）勾连已学，造境入诗

（1）勾连已学。之前我们学了两首关于古时候儿童田园生活的古诗，一首诗通过小孩子学种瓜来体现孩子们的天真可爱，一首诗通过孩子巧妙玩冰来表现孩子的聪明、天真。你们还能背诵这两首诗吗？谁愿意背一背这两首诗？

（2）通过谈话引出作者：这节课我们要领略的是宋代乡村的一段美丽风光。这段风光是一位诗人带给我们的，他的名字叫雷震。

（二）回顾学法，自学古诗

（1）教师板书诗题，师生齐读诗题。

（2）读了诗题，你想到了什么？

"村晚"的意思就是乡村的傍晚，所以这首诗描绘的是乡村傍晚的景色。

（3）学生自由朗读古诗。

（4）上节课我们已经学习了两首古诗，我们学习《四时田园杂兴》（其三十一）和《稚子弄冰》用了哪些学习方法？

学生交流学习古诗的方法：借助注释、查工具书、结合课文插图理解诗意，小组交流讨论等。

（5）请同学们运用这些方法自学古诗《村晚》，理解诗意。

正确、流利地朗诵古诗《村晚》。

利用注释、工具书和插图理解诗句的意思，理解诗意。

（6）全班交流自学古诗的情况。教师首先检查古诗的朗读情况。

教师指导"陂"和"漪"的读音。指名学生按节奏朗诵古诗，学生评议后齐读。

（7）古诗讲究韵律美，我们读这首诗时应该注意什么呢？

应该注意把这首诗的韵脚"陂""背"读得清晰、响亮。

（8）学生练读，指名读，学生评议，全班齐诵古诗。

（9）教师检查学生对诗意的理解。

（10）教师小结：诗人抓住了对景物和人的描写，整首诗描绘了一幅牧童骑牛吹笛晚归图。

【设计意图】教师引导学生回顾学习古诗的方法，进行有效勾连；指导学生通过多种形式的诵读巧入诗境。

任务五：品读古诗，想象诗境

（一）品读古诗，聚焦画面

1. 读出感情，想象画面

（1）指名学生读"草满池塘水满陂，山衔落日浸寒漪"，想象乡村的晚景之美。

（2）教师要求学生结合注释说一说"陂""漪"分别是什么意思。（"陂"是池岸的意思；"漪"是指水中的波纹），你从诗句中感受到了什么？（水草丰美，生机勃勃）

（3）再读一读这两句诗，你仿佛看到了什么画面？

（4）为什么要用"衔"这个字？（形象地写出了落日挂在山头的情景）

2. 想象画面，体会情境

（1）教师指名学生读"牧童归去横牛背，短笛无腔信口吹"。

（2）教师要求学生结合注释说一说"腔""信口"分别是什么意思。（"腔"即曲调；"信口"是随口的意思）拿着短笛，没有固定的曲调，随口吹奏，你觉得这是一个怎样的儿童？（天真无邪，活泼可爱）

（3）教师引导学生看图理解"横牛背"。

（二）再读古诗，体会乐趣

（1）再读一读这两句诗，说说你眼前浮现出了怎样的情景，体会其中的乐趣。

（2）乡村的晚景多美啊——（学生接读）"草满池塘水满陂，山衔落日浸寒漪"。牧童的生活多么悠闲自在呀——（学生接读）"牧童归去横牛背，短笛无腔信口吹"。

（3）教师小结：《村晚》这首古诗描写了乡村傍晚时的景色，给人以无限的遐想。特别是牧童骑在牛背上随意吹着短笛的悠闲自在，让人无比向往。

【设计意图】教师引导学生在品语、想象中聚焦诗歌语言的画面与声音，带领学生实现语言发现与思维发展的深度学习。

任务六：诵读古诗，感悟诗情

（一）诵读古诗，感悟诗情

（1）全班有感情地朗读古诗。

（2）这首诗表达了诗人怎样的思想感情？（表达了诗人对田园生活的喜爱和向往之情）

（二）朗读古诗，背诵古诗

（1）全体师生在配乐中有感情地朗读古诗《村晚》。

（2）学生自由背诵古诗《村晚》。

【设计意图】教师引导学生在朗读中体会诗歌中的情感之美。

任务七：拓展延伸，文化传承

（一）对比阅读，感悟异同

（1）现在我们已经学完三首关于古时候儿童田园生活的古诗，请比较一下这三首诗有什么异同。四人小组讨论，完成表格。

对比阅读《古诗三首》中的三首古诗，比较它们的异同点，填写下表。

《古诗三首》异同比较表

标题	相同点		不同点	
《四时田园杂兴》（其三十一）	都写了儿童的生活；都体现了儿童的天真、（　　）	童孙学（　　）	儿童活动的环境各异	农忙时的村庄
《稚子弄冰》		稚子弄冰		（　　）时的村庄
《村晚》		牧童（　　）		（　　）

（2）全班学生交流并填表。

（3）教师小结：这三首古诗向我们展示了古时候儿童生活的情景，只是写的事情不同：《四时田园杂兴》（其三十一）写了夏天孩子们学着大人在桑树下种瓜的事情；《稚子弄冰》写了冬天孩子们玩冰，用彩线将冰穿起来当打击乐器，冰块摔碎了，孩子们失落沮丧的事情；《村晚》写了傍晚牧童骑在牛背上吹笛归来的事情。三位诗人都善于捕捉儿童在做某件事时某一个瞬间的情景，以此来体现田园生活的美好。我们在今后的习作中也要留心观察，捕捉某件事中某个瞬间的情景，掌握由面到点的写法。

（二）一课一得，书写童趣

（1）完成《童年》故事书的编写。

① 这三首古诗所描绘的田园风光都很美，都体现了古代儿童的有趣可爱和古代田园生活的和谐美好。请同学们根据诗歌内容展开想象，选择其中的一首改写成短文。

② 学生自由完成小练笔。（教师指导）

③ 展示写得好的小练笔。

（2）范成大晚年作的组诗《四时田园杂兴》共60首，这组诗也是他田园诗的代表作。请同学们课后去搜集这组古诗中的其他古诗，读一读，背一背。

【设计意图】一课一得，教师指导学生通过小练笔和搜集古诗的作业，进一步了解古诗中的儿童生活，品悟祖国诗歌文化的博大精深。

点评

《义务教育语文课程标准（2022年版）》提出，义务教育语文课程内容主要以学习任务群组织与呈现。设计语文学习任务，要围绕特定的学习主题，确定具体有内在逻辑关联的语文实践活动。《稚子弄冰》《村晚》都是描写古代儿童生活的古诗，王老师沿用第一课时《四时田园杂兴》（其三十一）的教学方法，布置学生完成编写《童年》故事的任务，既能体现《古诗三首》的完整性，也能在细节处体现、融合"六模"教学的每个板块。王老师以本单元语文要素为核心，结合课后习题，紧扣古诗这一文体的教学特质，通过诵记、品语、想象、悟情，让学生在环环相扣的学习活动中，随着老师的引导乘坐通往宋代儿童生活的列车，走进宋代儿童丰富多彩的生活，学生的学习认知由单一浅显走向多元深刻。在积极主动的学习中，夏日乡村儿童"也傍桑阴学种瓜"的天真，冬日稚子"彩丝穿取当银钲"的烂漫，田间骑牛牧童"短笛无腔信口吹"的自由都将深深映入孩子们的心田。这才是真正的学诗，言语、思维齐并进，文化、审美共融合。

（教学设计：苏州市枫桥中心小学王婧馨；评析：郑先猛）

炼字品语：诗行里的爱国情
——五年级下册第九课《古诗三首》第一课时教学设计

一、教学内容
《从军行》《秋夜将晓出篱门迎凉有感》。

二、教学目标
（1）认识生字"仞""岳"，会写"仞""岳""摩""遗"4个字。
（2）有感情地朗读课文，背诵课文并默写。
（3）从古诗的文体特点出发，引导学生借助教材注释，结合课外资料，正确理解这两首古诗的大概意思。
（4）整合两首古诗，运用"联系背景朗读理解，抓关键词品悟诗情"的方法，读懂古诗，走近诗人，了解历史，初步感受借景抒情、情景交融的表达方式，体悟家国情怀。

三、教学过程

任务一：温故知新，把握主旨

我们学过陆游的《示儿》，也学过李清照的《夏日绝句》，每一个时代都有爱国主题的诗词，每一个时代都有爱国将士杀敌报国的动人事迹。这节课，我们又将学习一首爱国诗词——《从军行》。

（一）解诗题，认识"七绝圣手"

（1）《从军行》就是从军歌，是乐府诗题，也是王昌龄边塞诗的一个总题目，在这个题目下一共有七首小诗，今天我们学习的是其中的第四首。

（2）我们先了解诗人——"七绝圣手"王昌龄。（出示王昌龄的基本信息）

（二）读诗歌，品悟爱国之情

（1）学生自由读诗，要求读得正确、通顺。

（2）教师引导学生反复诵读后讨论：诗读到这里，你有些什么印象和感觉？

（3）请同学们带着这些印象和感觉默读《从军行》，看看书中的插图，读读书中的注释，想想这首诗大概讲了什么意思。

【设计意图】小学五年级学生在学习和阅读中接触过的边塞诗较少，对于当时的历史、地理情况了解得也很少。针对学情，教师以学生熟悉的爱国诗人陆游和李清照的爱国诗导入，以插图造境，引导学生了解边塞诗的主题也是爱国，为学生更好地理解诗意、感受戍卒的豪情壮志打好感情基础。

任务二：举象入境，品悟诗情

带着想象读诗，你在诗中看到了哪几幅画面？为画面起一个名字。

1. 青海长云暗雪山，孤城遥望玉门关。——边关孤城图

（1）圈出地名，了解环境特点。（青海，雪山，孤城，玉门关）

（2）这些地名有什么共同点？（都在塞外，偏远荒凉，远离故乡）

（3）紧扣"孤城"一词，感受环境的恶劣。

① 标红"孤城"一词，让学生用"孤"组词（孤单、孤零零、孤立无援、势孤力薄、孤军奋战）。

② 想象"孤城"是一座什么样的城。

③ 出示地图，补充背景，印证"孤城"是一座什么样的城。

"青海""雪山""孤城""玉门关"集中了东西数千里广阔地域的长卷，就是当时西北戍边将士战斗的典型环境。"孤城"与"玉门关"两地相距数千里，快马加鞭也要好几天才能到达。

（4）同学们想象一下，戍守着这样一座孤城的将士们会有怎样的心情？

（5）本诗中还有哪个字也是这种心情的投射？（暗）

2. 黄沙百战穿金甲，不破楼兰终不还。——奋勇杀敌图

（1）教师播放金戈铁马、杀声震天的音频：请同学们闭上眼睛听一听，再和着音乐读诗句，你从中看到了怎样的画面？又想到了什么呢？

① 百战、穿

战士的铠甲已经被敌人的刀剑刺穿了，鲜血顺着刺穿的铠甲流了出来，但战士仍坚持带伤作战，不肯撤退。

② 黄沙

将士们长时间在沙漠里摸爬滚打，战斗非常艰苦，但将士们意志坚定，英勇顽强，丝毫没有退缩之心。

（2）引读铮铮誓言，体会报国忠心。

尽管金甲被磨穿，但将士们的报国壮志并没有被消磨，不仅没有被消磨，反而在连年战争和大漠风沙的磨炼中变得更加坚定。

引读：他们发誓——"不破楼兰终不还"。不打败入侵的敌人，誓死不回家，从"终不还"三字可见他们决心之大、之坚定。

引读：刀光剑影，九死一生，将士们为保家卫国付出了惨重的代价，但是没有什么能撼动他们的铮铮誓言，他们发誓——"不破楼兰终不还"。

（3）教师拓展边塞诗词，引导学生感悟"终不还"的家国情怀。

① 有国才有家，有家才可回。在唐代诗词中，记录边关将士保家卫国、有家不能回的边塞诗占有很重要的地位。师生齐读以下诗句：

秦时明月汉时关，万里长征人未还。——王昌龄

由来征战地，不见有人还。——李白

醉卧沙场君莫笑，古来征战几人回。——王翰

② 读了这些诗句，你明白了什么？

③ 带着这份无畏和豪迈，再读这首诗。

【设计意图】品语——教师以"孤城"所处的环境特点为突破口，举"青海""雪山""孤城""玉门关"之象，营造偏远荒凉、孤立无援之境；以记诵为依托——抓住关键词"孤"和"暗"引导学生品读感悟，进入古诗情境，体会人物内心；再以想象为主要学习方法，引导学生结合"百战""穿""不还"等词带着想象读诗，逐步体会边关将士渴望建功立业的内心世界和誓死杀敌、保家卫国的豪情壮志。

任务三：以诗解诗，参透不朽的精神

介绍《从军行》的历史地位：《从军行》组诗七首，奠定了王昌龄唐朝边塞诗杰出作者的地位。

活动1：补充资料，体会豪情

（1）出示资料，学生浏览，感悟唐朝尚武的时代精神：

边塞诗初起于汉魏六朝时代，唐朝时发展到了顶峰，是唐诗中思想性

最深刻、想象力最丰富、艺术性最强的一部分。盛唐边塞诗的繁荣反映了那个时代强大的军事实力和高度自信的时代风貌,当时文人普遍投笔从戎,赴边求功。

(2) 以诗解诗,体会豪迈,出示诗句,教师引读:

"宁为百夫长"的杨炯便有诗云——"宁为百夫长,胜作一书生"。

意欲"报国取龙城"的王维亦有诗云——"忘身辞凤阙,报国取龙城。岂学书生辈,窗间老一经"。

边塞诗人岑参以诗明志道——"功名只向马上取,真是丈夫一英雄"。

活动2:小组探究,寻找力量

小组内同学探讨:是什么力量让这首诗穿越千年,留存至今,成为我们民族的共同记忆呢?

学生畅谈感悟,参透爱国精神。

在大浪淘沙的文化长河中,终能不朽的唯有精神,这首诗中充盈的强烈的爱国精神和昂扬的时代风貌,是它能穿越千年传承至今的根本原因。

【设计意图】教师以诗解诗,适时出示背景资料,让学生结合资料进行真正的阅读,进入深层次的思考,由读懂诗中人的情到读懂诗词文化中的精神,读透唐代边塞诗的特点。

任务四:学法迁移,学习新诗

过渡:唐朝边塞诗中的爱国情怀也不断影响着其他朝代的爱国诗人。刚刚我们了解了戍边将士的孤独及誓死报国的决心,我们再来学习一首宋朝的爱国诗,看看诗中表达了怎样的感情。

活动1:诵读古诗,通言晓意

(1) 读课题,根据意思做好停顿。

(2) 学生自读古诗,注意读准字音,读出节奏。同桌互读,争取"五星"好评。

(3) 教师引导学生根据注释理解诗意,品悟诗情。

【设计意图】迁移学习《从军行》的方法,学生可以自主、迅速完成"通言"的环节,从而更好地掌握古诗释意的方法。

① "三万里河东入海,五千仞岳上摩天"。

"三万里"形容很长,"五千仞"形容很高,这里是夸张的说法,是虚指。

加上"入""上"两个动词，让人感到黄河、华山不仅气势雄伟，而且富有生气。黄河、华山代表的是北方的壮丽河山。

②"遗民泪尽胡尘里，南望王师又一年"。

这里的"胡尘"，难道仅仅是指金兵战马所扬起的尘土吗？（还借指金政权）

听音效展开想象：在金兵战马嗒嗒的践踏声中，你仿佛看到了一幕幕怎样的场景？

哀鸿遍野，生灵涂炭。老人在流泪，小孩在流泪，妇女在流泪，北宋的遗民在流泪啊！（板书：泪）这滴滴流淌的是怎样的泪啊？

金兵横行，遗民泪尽，国破家亡，生灵涂炭，这是何等凄凉、何等悲惨的生活呀！当你面对这一切的时候，你的心情是怎样的？请你怀着这样的心情读读这首诗吧！

（4）参读陆游的《示儿》，深化感悟。

"南望王师又一年"，你知道，这"又一年"是多少年吗？诗人陆游写这首诗的时候，中原已经沦陷整整65年了。同学们，65年，780个月，23000多个日日夜夜呀！——引读"遗民泪尽胡尘里，南望王师又一年"。

又一个10年过去了，遗民们苦苦盼望的南宋王师来了没有呢？此时此刻，你还体会到了什么？

古诗读到这里，你觉得"遗民"的"遗"仅仅是"遗留"的意思吗？是谁无情地遗弃了他们？

朝廷的权贵们在歌与酒的沉醉中昏昏度日，中原的百姓们却在金兵的铁蹄下苦苦期盼、度日如年——学生齐读《秋夜将晓出篱门迎凉有感》一诗。"迎凉有感"的背后，是诗人一颗怎样的心在跳动啊？

【设计意图】教师引导学生在品语中加深对诗歌所处时代背景的感知，抓住"泪尽"一词做文章，在让学生感受到全诗悲凉基调的同时，加深对宋朝内忧外患背景的了解。教师补充陆游的《示儿》一诗，引导学生整体感知时代背景下陆游忧国忧民，渴望收复失地的人物形象，从而让"六模"教学中的悟情水到渠成。

活动2：积累古诗，齐说"爱国"

（1）面对醉生梦死的南宋权贵，面对水深火热的北宋遗民，面对忧国忧民的爱国诗人，你想对谁说些什么？请在皇帝、权贵、老百姓、陆游中选择一个人，对他说说你的感想。

（2）总结：唐代的边塞诗体现了那个时期边关将士的情感和心愿，充满阳刚之美，令人感到一种积极向上的生命力，体现了唐朝泱泱大国昂扬自信的民族精神。宋朝的爱国诗歌则多了一份悲慨与无奈，这与当时的时代背景息息相关。让我们带着作者的情感，和着音乐，再来读一读这两首诗歌吧！

（3）积累古诗：《春望》《出塞》《题临安邸》《示儿》《满江红》。

【设计意图】教师通过"面对侵略者铁蹄下的百姓，你想说什么？"和"面对壮志难酬、忧国忧民的诗人陆游，你想说什么？"这两个问题，引导学生自主"悟情"，感受从古至今未曾改变的爱国情怀。

点评

王崧舟老师说："感悟古诗，不在诗句的字面意思，而在诗句背后的情味和意蕴。"在教学《从军行》和《秋夜将晓出篱门迎凉有感》两首诗时，程老师没有停留在字面意思的讲解上，而是借助"六模"教学中的造境、想象、品语、悟情等手段，通过图片和音乐引导学生想象。如提问：你仿佛看到了什么？听到了什么？学生在充分的想象中将"孤城""胡尘"等词语化为鲜活的画面：战马嘶鸣、铁蹄肆虐，老百姓惨死在金兵的铁蹄之下，即将丰收的庄稼在金兵的马队过后一片狼藉，昔日繁华的大街已经变得面目全非，到处是破罐碎瓦。接着教师又通过《示儿》让学生进一步了解宋朝风雨飘摇的社会现状，从内心深处体会"泪尽"的真正意思。学生在对文本的丰富和建构中，逐渐走进那段令人心酸的历史，怜百姓之苦，恨金兵之暴，痛诗人之痛，于是诗句背后的情味和意蕴一涌而出。此时再引导学生朗读，正是应学生情感所需。这样的朗读也正是学生的真情流露，是学生个性化体验的展现。最后，教师通过引导学生将唐朝边塞诗和宋朝爱国诗进行对比，使学生进一步悟情，感悟国人亘古未变的爱国情。

（教学设计：苏州市枫桥中心小学程子桐；评析：施燕璟）

想象如画　品言析语
——六年级上册第十八课《古诗三首》第二课时教学设计

一、教学内容
《江南春》《书湖阴先生壁》。

二、教学目标
（1）读懂《江南春》和《书湖阴先生壁》，引导学生通过反复朗读古诗，了解诗歌的意思。

（2）分析诗歌中景物的特点，引导学生思考作者是如何将景物的特点展现出来的。

（3）引导学生了解《书湖阴先生壁》中诗句表达的特点。

（4）引导学生在朗读中感悟，想象古诗描绘的画面，感受古诗的语言美和意境美，体会诗人表达的情感。

三、教学过程

任务一：旧知回顾，解诗题，明作者

（1）指名背诵刘禹锡的《浪淘沙》。

（2）导入：上节课我们学习了刘禹锡的《浪淘沙》，领略了黄河恢宏的气势，今天，我们再来欣赏一下江南的景色和乡村风光。我们先来看看这首《江南春》。

（3）揭示诗题，简介作者。

① 教师板书诗题：江南春，学生讨论题意（江南的春天）。

② 简介作者。

杜牧（803—853），唐代诗人，字牧之，京兆万年（今陕西西安）人。杜牧精通兵法，有政治才能，诗和文都写得很好，七绝最为出色。杜牧与李商隐齐名，世称"小李杜"。

任务二：欣赏插图，比诗题，读诗文

（1）出示江南春天的美景图，让学生用学过的词语描绘看到的图片。（学生自由发言，说出词语）

过渡：春天是美好的，是生机勃勃的，如果让我们只用几个词语来描绘春天，大家肯定会觉得不够全面、不够客观。那么，诗人杜牧是怎样用几句诗就为我们描绘出了生动形象的江南春景呢？请大家自由诵读全诗，感受诗中的春景。

【设计意图】教师运用"六模"教学中的造境策略，首先借助图片通过视觉催发，帮助学生产生共鸣，同时教师借助语言，让学生调动多种感官体会诗中的春景。

（2）教师出示朗读要求：读准字音，读通诗句。

（3）学生自由诵读研讨，教师巡视并相机指导。

过渡：谁来给大家读一读这首诗？看看能不能做到读准字音，且读出感情。

（4）检查学习效果。

① 指名分行朗读，相机正音，直到学生读正确为止。

② 指名读全诗，进行比较评价。要求学生在读中体会如何把诗读出节奏（语调的轻重、语音的延长及停顿等）。

【设计意图】诵读是"六模"教学不可或缺的环节，教师引导学生用不同的方式朗读古诗，让学生读准古诗的字词，读出古诗的韵味，为最后的"记"打下基础。

任务三：借助注释，想画境，说画面

过渡：如果要将这首诗读得更有意味，我们还必须了解诗歌的意思。大家平时在读懂诗歌意思方面有什么高招吗？（学生讨论：抓住重点字词、查工具书、了解相关背景等）同学们的方法都很棒，请大家借助工具书读通、读懂全诗，实在不懂的地方可以做上标注。

（1）学生自由朗读全诗，勾画诗中描写的景物，标注难点。

（2）四人一组，交流学习。

① 学习前两句诗——晴景，写今。

A. 交流对词语的理解。

千里：这里的"千里"并不是真的有千里，而是虚指，指的是辽阔的江南地区。

绿映红：绿叶映着红花，这里用颜色指代景物，给人以丰富的联想。如绿叶衬红花，桃红映柳绿，等等。

水村山郭：傍水而居的小村，依山而建的城镇。

酒旗风：酒旗迎风招展。

B. 说说这两句诗是从哪些感官的角度来写景物的。

明确：听觉——莺啼；视觉——绿，红，水村，山郭，酒旗；触觉——风。

C. 用自己的话说说这两句诗描写的景色。

（辽阔的江南，到处是黄莺婉转啼鸣，到处是绿叶红花相互映衬；在临水的村庄，依山的城郭，到处都有迎风招展的酒旗）

D. 这两句诗描绘的春景有什么特点？

（明媚、有声有色、充满生机）

② 学习后两句诗——雨景，怀古。

A. 体会这两句诗的情感基调：从这两句诗看，诗人的心情还是愉悦的吗？

教师及时补充背景知识：

南朝（420—589）是东晋灭亡之后、隋朝统一中国之前存在于我国南方以建康（今南京）为都城的四个朝代（宋、齐、梁、陈）的总称。这一时期，当权者大兴寺庙，耗费了大量的人力物力，令老百姓的生活雪上加霜。

诗人杜牧所处的晚唐时期，国家渐渐衰落，战乱不断，民不聊生。当朝的统治者却仿效南朝，大建佛寺，想祈求神灵保佑，永保江山稳固。

在引导学生交流后明确：这两句诗的情感基调不是愉悦的，而是伤感的、担忧的。诗人在赞美风景秀丽的江南时，暗含着对国家命运深深的忧虑。借景抒情是古诗常用的表现手法之一。

B. 理解背景知识后，再读这两句诗，感悟诗人的担忧。

示例：诗人可能在想，希望通过建造寺院保佑江山的稳固是不可能的，南朝修了那么多寺庙还不是都灭亡了？物是人非，我们的国家竟然还在仿效这种做法，这不仅不会巩固国家的统治，反而会加速国家的灭亡啊！

C. 引导学生带着感情重读全诗。

过渡：同学们，你们能尝试读出作者在赞叹之中隐含的哀愁吗？自己先试试。（再指名读）

【设计意图】教师组合运用"六模"中的品语、悟情和诵记策略，抓住重点词句让学生理解与品味，培养学生对语言的感悟能力。教师引导学生通过想象画面与诵读，感受古诗的意境，在字里行间品味诗人的情感，加深对古诗的理解。

任务四：利用资料，品意境，悟情境

过渡：诗人杜牧笔下展开的是千里江南春天的美丽画卷，寄托的是对江南春景浓浓的爱和淡淡的愁。学到这里，你是否已经感受到了作者那份独特的情感呢？让我们再一次带上对江南春天的喜爱之情去欣赏江南春景吧！

（1）播放视频。（欣赏谱曲的《江南春》）

提示：古代的许多诗歌都可以谱成曲歌唱，这样也方便了传播。吟吟唱唱也是学习古诗的一种好方法，大家可以跟着视频一起哼一哼、唱一唱。

（2）再读诗歌，背诵诗歌，读出江南春日的美好和作者的忧伤。

【设计意图】诵读是"六模"教学中不可或缺的一个环节，引导学生运用不同的方式朗读，不仅可以帮助学生读通古诗，读出节奏，更有助于学生读出古诗的韵律美。

任务五：迁移学法，用"结构"，学古诗

（一）迁移学法

小结学习古诗的方法，过渡到学习《书湖阴先生壁》。

（过渡）同学们，我们在学《江南春》时用到了以下学习方法：初读古诗，读准字音，读通诗句；再读古诗，明意悟情；熟读成诵，吟出诗韵。接下来，同学们要用这些方法自主学习另一首古诗《书湖阴先生壁》。

(二) 解诗题，明背景

诗题："书……壁"意为"在……墙壁上写诗"，与我们学过的苏轼《题西林壁》一诗中的"题……壁"是一个意思。

诗作背景：北宋大政治家王安石晚年闲居在今南京紫金山麓的半山园，常跟附近的居民来往，相处得很友好，湖阴先生杨德逢便是其中的一位。这一年夏初时节，诗人又到湖阴先生家做客，他十分喜爱这里的环境，于是吟成了这首绝句，并应主人请求写在了墙壁上。

(三) 初读诗歌，读通诗句

(1) 教师要求学生自由读，读准字音，读通句子。

(2) 教师要求学生再读，借助工具书及注释理解词意，进而理解每句诗的意思，初步掌握古诗的感情基调。教师指导学生采用边读、边画、边批的方式学习。

(3) 了解"对偶"这一修辞手法。

"一水护田将绿绕，两山排闼送青来。"

提示：这两句诗运用了对偶的修辞手法，其中"一水"对"两山"，"护田"对"排闼"，"将绿绕"对"送青来"。这样两两相对，音韵和谐，读起来朗朗上口。对偶也叫对仗，是将字数相等、结构相同或相似的两个词组或句子成对地排列起来的修辞手法。这样的诗句有：

两个黄鹂鸣翠柳，一行白鹭上青天。

（"两个"—"一行"；"黄鹂"—"白鹭"；"鸣"—"上"；"翠柳"—"青天"）

三山半落青天外，二水中分白鹭洲。

（"三山"—"二水"；"半落"—"中分"；"青天外"—"白鹭洲"）

鸟宿池边树，僧敲月下门。

（"鸟"—"僧"；"宿"—"敲"；"池边树"—"月下门"）

4. 再读诗歌，明意悟情

(1) 教师复述古诗大意，学生闭眼冥想画面。

教师：几间简朴的茅舍由于经常打扫，檐洁壁净，没有苔藓；成垄成行的花木把小小庭院装点得井井有条，这些全出自主人的亲手栽培。一条快活的溪水环绕着大片碧绿的禾苗，俨然是稻田的守护者；两座多情的山峰不待邀请就推门而入，把青青的秀色送入眼帘。

（2）请同学们说说听后的感受，再带着初步体会到的情感朗读全诗。（侧重于人物形象与情感的体会）

思考：你觉得湖阴先生是个怎样的人？

（高洁、富有生活情趣；清静脱俗、朴实勤劳、热爱自然……）

（3）出示提纲，明确重点。

① 自由读诗，思考下列问题：

A. 诗人是通过什么来表现湖阴先生庭院的干净的？

B. 本首诗中哪一句采用了拟人的修辞手法？

C. 诗人描写景物，赞美主人的品格，归根结底还是为了抒发自己的思想感情。你感受到了吗？说说诗人借写湖阴先生的住宅寄托了怎样的思想感情。

② 汇报交流。

A. "净"是通过"无苔"二字体现的。

教师引导：江南地湿，又时值初夏多雨，这样的天气对青苔的生长比其他时令都更为有利。况且，青苔性喜阴暗，总是生长在僻静之处，较之其他杂草更难以清除。而今，庭院经常打扫，总是干干净净的，叫人感觉舒适。

教师继续引导：庭院中更有令人赏心悦目的花木，一畦畦，整整齐齐，都是主人亲手栽种的。所以再读这两句的时候，要注意表达作者心情的愉快。（指名学生朗读）

B. 含有"护""绕"二字的两句诗"一水护田将绿绕，两山排闼送青来"采用了拟人的修辞手法。

教师引导：门前的景物是一条河流、一片农田、两座青山。在诗人眼里，山水对这位志趣高洁的主人也有情谊。诗人运用拟人的修辞手法，将"一水""两山"写成富有人情味的亲切形象：一条弯弯的河流环绕着碧绿的农田，正像母亲用双手护着孩子一样；两座多情的山峰推门而入，把青色送了进来。

C.《书湖阴先生壁》描写的是湖阴先生家清幽的美景，表达了作者对湖阴先生庭院的赞美之情，体现了诗人对朋友的深情，同时也寄托了诗人的闲适之情。

小结：同学们，本诗通过描写湖阴先生家简朴、洁净的庭院和院外有情有义的绿水青山，不仅表达了诗人对美好大自然的赞美之情，更赞美了湖阴先生高洁的人格和品质。

5. 熟读诗歌，感悟诗韵

（1）指名读背古诗，要求读出诗的韵律美。

（2）配乐齐诵古诗，感受诗的意境美。

【设计意图】教师引导学生回顾学习古诗的方法，让学生自主学习古诗，从而达到由扶到放的目标。在师生交流的过程中，教师通过适当的提示，通过"六模"教学中想象与诵记的结合，让学生反复诵读古诗，体会诗人的情感。

任务六：拓展阅读，比异同，类积累

在想象画面、感悟诗境的基础上，为《书湖阴先生壁》一诗配一幅插图。

教师出示几首写景的古诗，学生读一读、悟一悟。

秋　词
刘禹锡
自古逢秋悲寂寥，我言秋日胜春朝。
晴空一鹤排云上，便引诗情到碧霄。

寄扬州韩绰判官
杜　牧
青山隐隐水迢迢，秋尽江南草未凋。
二十四桥明月夜，玉人何处教吹箫。

书湖阴先生壁（其二）
王安石
桑条索漠楝花繁，风敛余香暗度垣。
黄鸟数声残午梦，尚疑身属半山园。

【设计意图】教师通过相关古诗的拓展，深化了本课的学习主题，加深了学生对古诗的了解，并帮助学生进行古诗的积累。

> **点评**

在本课教学之始，教师通过造境，借助图片，通过视觉催发，使学生产生共鸣。同时借助语言调动情绪，让学生调用多种感官体会诗中的春景。接着用不同的方式让学生朗读古诗，要求读准古诗，读出古诗的韵味，为最后的"记"打下基础。在诵读的基础上，教师组合运用"六模"中的品语、悟情和诵记，抓住重点词句进行理解与品味，培养学生对语言的感悟能力。教师通过引导学生想象画面与诵读，感受古诗的意境，从字里行间品味诗人的情感，加深对古诗的理解。然后教师再引导学生回顾学习方法，让学生自主学习古诗，从而达到由扶到放的目标。在师生交流的过程中，教师通过适当的提示，通过"六模"教学中想象与诵记的结合，指导学生反复诵读，从而感受诗人的情感。最后，教师通过相关古诗的拓展，深化了本课的学习主题，加深了学生对古诗的了解，并帮助学生进行古诗的积累。

（教学设计：苏州市枫桥中心小学杜曦；评析：施燕璟）

览物而生情，托物而言志

——六年级下册第十课《古诗三首》第一课时教学设计

一、教学内容

《石灰吟》。

二、教学目标

（1）理解石灰的形象和品质。
（2）了解诗人的生平事迹，感受诗人的伟大情怀。
（3）引导学生养成查阅资料的好习惯，掌握托物言志诗的学习方法。

三、教学过程

任务一：通言，知诗意

（一）造境渲染，引入诗题

（播放一段悲壮的音乐）同学们好，今天我们将进入第四单元的学习。南宋末年，爱国诗人文天祥写下了"人生自古谁无死，留取丹心照汗青"的千古名句，表达了诗人为了国家安宁甘愿慷慨赴死的民族气节。本单元就让我们走进一篇篇动人的课文，感受那一颗颗"照汗青"的碧血丹心。单元导语提醒我们，在学习遇到困难时，我们可以通过查阅相关资料，加深对课文的理解。今天，让我们学习第十课《古诗三首》中的《石灰吟》。

【设计意图】这里运用了"六模"教学中的造境策略，教师用开场白配以音乐造境，由文天祥的千古名句导入课题，意在让学生了解和感受那一颗颗"照汗青"的碧血丹心，激发学生的学习热情，为后文的学习打下情感基础。

（二）"吟"出诗题，体味诗意

1. 出示"吟"字，吟诵解题

"吟"是什么意思？吟，是古代诗歌体裁的一种，有吟诵、赞美之意。古人写诗经常在题目中用"吟"这个字（课件出示）。我们也曾经学过题目中带有"吟"字的古诗。复习吟诵白居易的《暮江吟》、孟郊的《游子吟》。

暮江吟
白居易
一道残阳铺水中，半江瑟瑟半江红。
可怜九月初三夜，露似真珠月似弓。

游子吟
孟　郊
慈母手中线，游子身上衣。
临行密密缝，意恐迟迟归。
谁言寸草心，报得三春晖。

2. 了解石灰

今天我们再来学习一首题目中带"吟"字的古诗——明代于谦的《石灰吟》。一起读好诗题。于谦吟诵的是什么？石灰。

谁来给大家介绍介绍石灰？简介石灰：石灰的前身叫"石灰石"，埋藏在深山大岭里，经过千锤万凿被开采出来，又被运到石灰窑里，经过高温煅烧，就变成了生石灰。生石灰仍然非常坚硬，经过冷水浸泡后，就成了粉末状的洁白的石灰。

3. 了解诗人

这普普通通的石灰到底有什么值得赞颂的呢？让我们去诗中一探究竟。

先看本诗的作者，他是——明代的于谦。谁来给大家介绍一下于谦？

课件出示于谦简介：于谦（1398—1457），钱塘（今浙江杭州）人，明代著名的政治家、军事家和诗人。他为官清正，不畏强权，曾作诗"清风两袖朝天去，免得闾阎话短长"，成语"两袖清风"即由此而来。公元1457年，于谦被奸臣诬陷杀害。

听了关于于谦的介绍，你有什么想说的吗？（令人敬佩、了不起）

（三）动之以口，诵之于声

1. 读准字音，扫清障碍

自由朗读古诗，注意读准字音，认准字形，读通句子。

指名读，相机正音。

2. 读出节奏，读出韵味

指名交流读出古诗韵律和节奏的好方法。

教师提示：这是一首七言绝句，通常我们会按照"2、2、3"的节奏来划分停顿，如果能在读诗的时候注意平长仄短，那就更好了。

教师范读。

指名练读。

男女生配合读（女生读前半句，男生读后半句）。

全班齐读。

【设计意图】这里运用了"六模"教学中的诵记和通言策略。学习古诗，诵读是关键，更是感悟的基础。在反复多样的诵读中，这些节奏感极强的诗歌将激发学生的诵读兴趣，营造良好的诵读氛围，从而唤起学生的情感体悟，产生移情和共鸣。

任务二：入境，悟诗情

（一）诗画合一，入境悟情

读着读着，我们眼前仿佛出现了一幅幅画面。

课件出示："千锤万凿出深山，烈火焚烧若等闲。"

交流画面：一次次锤打，一次次开凿，石灰石被人们从深山大岭里开采出来。在熊熊燃烧的烈火中，石灰石被烧得通红，烧得滚烫。

理解"千锤万凿"。

石灰石是非常坚硬的石头，要开采它，可不是那么容易，非得下大力气不可。指名读好"千锤万凿"这个词。

理解"焚烧"一词。

提示：焚烧石灰的温度达900~1100℃，水烧开的温度才100℃。相信现在你对焚烧有了更深的理解，你从诗中读出了什么？体会煅烧石灰的烈火之猛。真是惨烈至极！请你读好这个词。请你读好这句诗。

课件出示："粉骨碎身浑不怕，要留清白在人间。"

交流画面：石灰石被煅烧得支离破碎、骨肉分离，最后成了洁白的石灰粉。支离破碎、骨肉分离就是粉骨碎身。请你读好这个词。请你读好这句诗。

小小的石灰面对如此严峻的考验，它怕了吗？不怕。

从哪里看出的？"若等闲""浑不怕"。

"若等闲"是什么意思？好像是平常之事。让我们想到了《七律·长征》中的哪句诗？"红军不怕远征难，万水千山只等闲"。

"只等闲"，面对烈火焚烧，它却如此轻描淡写，这是怎样的石灰？处之泰然、泰然自若的石灰。

谁来读好这个词？谁来读好这句话？

"浑不怕"是什么意思？全不怕。

不怕什么？不怕千锤万凿，不怕烈火焚烧，不怕粉身碎骨。

这是怎样的石灰？无惧无畏、顽强不屈的石灰。

那它怕什么？怕没有留下清白。它要留下什么？"要留清白在人间"。

这又是怎样的石灰？洁身自好、清白做人的石灰。

读到这里，我们不由得对石灰充满——敬佩之情。是啊，敬佩之情油然而生，让我们齐读这首诗。

【设计意图】这里运用了"六模"教学中的品语和想象策略。教师从字词的理解和再现诗的画面入手，引导学生体会诗人如何描写石灰，引导学生把诗中的语言想象成一幅幅鲜活的画面、一个个立体的场景，让学生在联想中再现作品的形象，从而入境悟情。

（二）由物及人，感悟诗情

1. 联系生平，了解诗人

过渡：这首诗是作者于谦生平和人格的真实写照。你能根据诗歌猜测于谦是一个怎样的人吗？

教师出示资料：于谦从小发奋苦读，崇拜文天祥，立志为国为民奉献一生。为官期间，他严格执法，清正廉明，洁身自好，从不与恶势力同流合污。1449年，明英宗在土木堡一战中大败被俘。于谦临危受命，率兵打败瓦剌军，救回了英宗。可于谦不仅没有受到嘉奖，反而遭到朝中恶势力的迫害，最终被判谋逆罪并被处以死刑。本可以逃离的于谦英勇就义。于谦的爱国精神永存。

2. 结合资料，感悟诗情

这是一个怎样的于谦？不难发现，于谦和石灰竟然是那么的相似。

其实，于谦一生的遭遇与石灰的经历也有很多相似之处。请同桌之间讨论一下，用上"_____的于谦，正如石灰'_____，'"的句式说一说。

于谦一生的遭遇与石灰的经历有哪些相似之处呢？

（根据学生的回答，适时阐述并小结）

千锤万凿—发奋苦读，这是于谦在为自己积聚能量！

烈火焚烧—无情陷害，这是对于谦崇高气节的考验啊！

粉骨碎身—英勇就义，这是于谦崇高气节的必然归宿！

要留清白—精神永存，于谦的崇高气节最终流芳百世！

揭示写法：人如石灰，石灰如人。石灰留下了清白，于谦也立志做一个像石灰一样的清白之人。作者没有直接写出自己的志向，而是借石灰的经历抒发了自己的志向，这种写法就叫"托物言志"。（板书：托物言志）

【设计意图】一首古诗几乎就是一段浓缩的历史、一个浓缩的生活场景，要在诵记、品语的基础上还原历史、还原生活场景，想象不可或缺。这样的教学设计将古诗所言与诗人的生平联系起来，与学生的生活经验联系起来，让学生对诗词的理解不再停留于文字表面，而是有了更深的情感体悟。

任务三：诵记，感于心

（一）一诵，人生抒怀

（音乐声起，教师介绍于谦悲壮的一生，学生深情吟诵诗歌《石灰吟》）1457年正月二十三，于谦以谋逆罪被处死，他戴上脚镣，走上刑场。这一天，北京城乌云压顶，闷雷滚动，城中的百姓们扶老携幼，自发来为于谦送行。

此刻，于谦回首自己光明磊落的一生，不禁慷慨吟诵——（全班齐诵《石灰吟》）

（二）二诵，为官感悟

于谦很坦然。他无愧于自己，无愧于百姓，无愧于国家，无愧于天地，死亦何惧？他分明听到身后的百姓们也在轻轻地吟诵着——（全班齐诵《石灰吟》）

（三）三诵，世人评价

声音一开始是轻轻的，因为大家还带着对当权者的恐惧，渐渐地，吟诵的人越来越多，那声音越来越响——（女生齐诵《石灰吟》前两句）

于谦走了，他的鲜血染红了大地，他再也听不到百姓的吟诵了，但男女老少感天动地的吟诵声仍在天地之间久久回荡——（男生齐诵《石灰吟》后两句）

于谦已经离开我们500多年了，今天，我们吟诵着他的诗篇，仍能深切地感受到他就像他的偶像文天祥，实践着文天祥的志向："人生自古谁无死，留取丹心照汗青。"（全班齐读）

同学们，这是于谦为文天祥写的赞词："殉国忘身，舍生取义。气吞寰宇，诚感天地。……孤忠大义，万古攸传。载瞻遗像，清风凛然。宁正而毙，弗苟而全。"（全班齐读）

他自己又何尝不是这样？让我们通过诵读来赞颂于谦这位民族大英雄。

【设计意图】教师运用"六模"教学中的造境策略，烘托课堂气氛。教师在学生的反复诵记、驱遣想象中，带领学生穿越时空，置身诗歌的意境中，唤起学生的情感体验，使学生产生移情和共鸣，让文字转化成豪迈的语调和诗人洁身自好、视死如归的大无畏精神。

任务四：拓展，得章法

（一）总结学法

（1）如果这节课，如果《石灰吟》这首诗、于谦这个人，让你深深读懂了两个字，让你永远难忘两个字，那么，这两个字就是？"清白"。"清白"就是这首诗的诗眼。

（2）同学们，这节课我们学习了《石灰吟》，下节课，我们将细细品读李贺的《马诗》和郑燮的《竹石》。不难发现，第十课的这三首古诗，都是托物言志的咏物诗，诗人借助一种物品或抒发自己远大的抱负，或表达自己高尚的节操。学习这类古诗，我们可以借助物的形象、诗人的生平及其所处的时代背景来理解。

（二）拓展延伸

文人墨客还擅长借松、竹、梅来表达自己的志向和情操。老师给大家带来了几首这样的诗，请大家读一读，认真抄写在语文书上。

墨　梅
王　冕
我家洗砚池头树，朵朵花开淡墨痕。
不要人夸好颜色，只留清气满乾坤。

青　松
陈　毅
大雪压青松，青松挺且直。
要知松高洁，待到雪化时。

【设计意图】教师通过拓展，一是深化了这一课的学习主题，让学生对"托物言志"这一写作手法有了更深入的了解；二是引导学生养成查阅资料的好习惯，掌握托物言志诗的学习方法；三是引导学生感受古诗的魅力，激发学生的学习兴趣。

点评

　　《石灰吟》是爱国诗人于谦的一首诗，本诗托物言志，借物喻人，表达了作者洁身自好、不同流合污的高洁品行。这一课的基本教学思路是：综合运用"六模"教学中的造境、通言、想象、悟情、品语、记诵策略。教师在开篇造境，紧抓"吟"一字，由吟入手，不仅引入了诗文，还复习了已学过的《暮江吟》《游子吟》，学生学习起来轻松愉快。接着，教师在通言、想象的基础上，引导学生从石灰的经历中提炼出"千锤百炼""烈火焚烧""粉骨碎身"三个词语进行教学。学生在教师充满语文韵味的语言引导下，在多媒体画面的感染中，思绪飞扬，真正体会到了石灰形成过程的艰辛与坎坷，起到了较好的教学效果。咏物诗如果仅仅停留在物的层面，就失去了咏物诗在人生感悟、生命独悟方面的厚重感。教师拓展于谦的生平资料，让学生琢磨于谦的生平与石灰究竟有哪些类似之处，这一环节就是学生将石灰这一物与于谦这一人进行物人互证的过程，也是将物与人进行有效连接的过程，更是由物向人进行认知推进的过程。在"六模"教学中，这一环节就是想象和悟情。最后，在教师的语言造境中，在同学们的反复吟诵中，学生的情感再次升华。

　　（教学设计：苏州高新区通安中心小学校张敏吉；评析：施燕璟）

咏物诗里的文格和人格
——六年级下册第十课《古诗三首》第二课时教学设计

一、教学内容

《马诗》《竹石》。

二、教学目标

（1）读古诗《马诗》《竹石》，读准字音，读出音韵节奏。

（2）理解大意，体悟诗人的情感。

（3）引导学生养成查阅资料的好习惯，掌握咏物诗的学习方法。

三、教学过程

任务一：学习《马》诗，追寻诗人情志

（一）复习故知，导入新课

（1）上节课我们一起学习了于谦的《石灰吟》，我们一起来背背这首诗。

（2）谁来说说《石灰吟》的主要内容？

（3）通过上节课的学习，我们了解了于谦通过吟咏石灰来表达自己志向的表达方法。这节课，我们再来学习另一首托物言志诗——《马诗》。《马诗》是一组以马为题材的诗，共有23首，明为咏马，实则咏人。课文中的这首诗是组诗中的第五首，诗人李贺借咏马来抒发自己的情怀。

【设计意图】教师引导学生回顾旧知，让学生自主学习新知，从而达到由扶到放的目标。古诗的题目高度浓缩，往往是全诗的眼睛，有的概括了全诗的内容，有的抒发了诗人的情感，让学生了解诗题，便于学生从整体上把握全诗的内容和情感，有"六模"教学中的通言之效。

（二）初读诗文，初步感知

（1）学生自由朗读，注意节奏。

（2）要求学生找出生字词，同桌交流，扫清学习障碍。

（3）学生针对仍不明白的地方，向老师提问，全班交流。

【设计意图】"读书百遍，其义自见。"学习古诗，诵记是关键，更是感悟的基础。在讨论、诵读中，学生将古诗熟记于心，获得不同的感悟。

（三）简介作者，酝酿情感

1. 了解作者

李贺（790—816），唐代诗人。字长吉，河南福昌（今河南宜阳）人。他是唐朝宗室郑王李亮的后裔，但家族已经没落。他才华横溢，壮志凌云，满腹傲气，迫切地想建功立业，但因为他的父亲叫李晋肃，"晋""进"同音，与李贺争名的人，就说他应避父亲的名讳不举进士，这使得他终生不得登第。李贺一生怀才不遇，穷困潦倒，27岁时在郁闷悲苦中去世。他生不逢时，又不愿媚俗取宠，因而一直郁郁不得志。这种情绪直接影响了他的性格，也融进了他的诗作，使他的诗平添了一层冷艳神秘的色彩，因而人们称他为"诗鬼"。

阅读李贺的生平后你有什么感受？他像一匹怎样的马？

2. 写作背景

唐贞元、元和之际，正是李贺不得志之时。而燕山一带又是藩镇肆虐为时最久、为祸最烈的地方。本诗正是李贺在当时当地所写。

【设计意图】古诗距今久远，加之小学生知识面较窄，因此让学生了解诗人的生平和这首诗的写作背景，通过"六模"教学中的造境将诗人与马相勾连，有助于学生初步体验诗人当时的心境和情感，为后面的悟情奠定基础。

（四）体察诗蕴，品悟诗情

1. 自读第一、第二句

（1）这首诗的第一、第二句写了什么景物？这些景物各有什么特点？充分发挥你的想象，调动你的所有感觉，想一想，这首诗中的景物构成了一幅怎样的图画？（景物、色彩、环境、气氛等）大漠、沙、燕山、月；第一、第二句展现出了富有特色的战地景色。

（2）这是一句什么描写？有什么作用？

环境描写，描写悲凉肃杀的战地景色，也表达了有志之士报国的决心。

（3）作者为什么特意描写"大漠""燕山"这些地方？这对表现马有什么特别的意义呢？

"大漠""燕山"等地方，平沙如雪的疆场寒气凛凛，但它是英雄建功立业之地，也是战马驰骋之地。

理解前两句的含义，师生共议"沙如雪""月似钩"的丰富意蕴：这是一番怎样的情景？你的眼前出现了怎样的画面？

教师引导学生展开想象，肯定学生富有创意的个性化理解。（板书：环境 沙如雪 月似钩）

诗意：广阔的沙漠在月光的映照下如同铺上了一层霜雪，燕山之上悬挂着一轮如银钩（兵器）的弯月。

（5）师生共同在音乐中想象，感受"大漠""燕山"空阔寂寥、清冷大气的场面。教师相机点拨：这悲凉、清冷的场面从侧面衬托了诗人壮志未酬、怀才不遇、异常愤懑的心境。（板书：空旷 冷峻）

2. 自读第三、第四句

联系李贺的生平，你感受到了李贺怎样的心境？（板书：慨叹　何）

（1）"金络脑"是指什么？为什么不是铁、木、竹呢？（"金络脑""锦襜""金鞭"均为贵重鞍具，都是象征马受到了重用）

（2）为什么是"踏清秋"？不是"踏春风"？有什么情绪的差别吗？从"踏"中你能读出什么？用"踩"好不好？为什么？（"踏清秋"声调铿锵，词语搭配新奇，盖因"清秋"草黄马肥，正好驰驱。所以字句的锻炼也是此诗在艺术表现上不可忽略的成功因素）

（3）你从"快走"读出了作者怎样的心境？"快走"二字，形象地暗示出骏马轻捷矫健的风姿。

（4）读"何当金络脑，快走踏清秋"。这是一匹怎样的马？（引导学生抓住"金络脑""快走"，形象地暗示出骏马轻捷矫健的风姿）表达了诗人怎样的心情？（作者希望建功立业却不被赏识的愤懑之情）

诗意：什么时候才能披上威武的鞍具，在秋高气爽的疆场上驰骋，建立功勋呢？

作者多么希望能施展自己的才华，投笔从戎，驰骋沙场，建功立业，为国家的繁荣昌盛、国泰民安贡献自己的一份力量。可是昏庸腐败的朝廷不认同他的才华，英雄无用武之地，他无法实现自己的抱负。

想到这些，诗人怎能不焦急？——读"何当金络脑，快走踏清秋"。

想到这些，诗人怎能不忧虑？——读"何当金络脑，快走踏清秋"。

想到这些，诗人怎能不愤慨？——读"何当金络脑，快走踏清秋"。

（板书：渴望、感慨、愤懑、矛盾　托物言志）

（5）这首诗的题目是"马诗"，全诗却不见一个"马"字，是否离题了？为什么？

交流总结：诗人是借马抒写自己的壮志情怀和怀才不遇。

有感情地朗读全诗，想象情境，体会作者想要实现理想的迫切心情。

【设计意图】教师灵活运用"六模"教学，抓住重点词语引导学生理解，品味作者用词之妙，培养学生对语言的感悟能力；引导学生通过想象画面朗读，感受古诗的意境，从字里行间寻觅诗人当时的情感，使学生对古诗有更加直观和深入的理解。

任务二：自学《竹石》，探究"竹格"悟"人格"

（一）走近作者，初知郑燮

（1）投影作者简介：郑板桥（1693—1766），原名郑燮，字克柔，号理庵，又号板桥。郑板桥一生只画兰、竹、石，是清代比较有代表性的文人画家。其诗、书、画世称"三绝"。代表作品有《修竹新篁图》等，著有《郑板桥集》。

（2）关注作者的典型信息：诗、书、画"三绝"。

（二）初步感知，疏通大意

1. 疏通文意

即"六模"教学中的通言，以学生自学、汇报为主。

竹石：扎根在石缝中的竹子。郑板桥是著名画家，他画的竹子特别有名，这是他题写在自己竹石画上的一首诗。

2. 逐句理解，想象画面

"咬定青山不放松，立根原在破岩中。"

咬：长在破裂岩石中的竹子像咬着青山不松口一样，比喻根扎得深。

破岩：破裂的岩石。

这句诗的意思是：牢牢咬住青山决不放松，竹根扎在破裂的山岩之中。（体会竹子坚忍不拔的性格）

"千磨万击还坚劲，任尔东西南北风。"

磨：折磨。

"坚劲"：坚定强劲。（强调 jìng 读第四声）

任：任凭。

尔：你。

这句诗的意思是：虽然遭受了无数的磨难和打击，但它还是那样坚韧挺拔；不管是东风西风还是南风北风，都不能把它吹倒，不能让它屈服。

3. 整体理解

请同学们用自己的话说一说诗的意思。

（三）聚焦诗歌，感知"竹格"

（1）说一说竹子给你留下了怎样的印象。

竹子：长在高山岩石中的竹子，它高大挺拔，扎根艰难、顽强。

（2）看图，感受竹子的坚强。

（3）教师指导学生朗读，要求读出长在岩石中的竹子在那种艰难恶劣的环境中坚忍不拔、顽强不屈的精神。

（四）再读古诗，感知"人格"

（1）请同学们再读古诗，诗人仅仅是在赞美竹子吗？用咱们上节课学会的方法，联系作者写诗时的时代背景，联系作者生平，小组讨论，你有什么新的发现？小组汇报。

（2）《竹石》也是用"托物言志"的方法表达诗人的情感。作者借赞美岩竹的坚定、顽强，表明做人要有骨气的道理。（板书：要有骨气）请同学们朗读，注意读出做人的道理。

（3）联系诗人的时代背景，我们也能看到诗人对当时黑暗、污浊的社会不妥协的斗争意志和高尚节操。

（4）朗读，读出诗人所言的志向。

【设计意图】古诗词教学是一个"授之以渔"的过程，一首诗结束后，引出另一首类似的古诗，教师适当点拨，让学生自主组合运用"六模"的学习方法，检查学生"得之以渔"的情况，使学生学以致用，提高对古诗的整体把握能力和鉴赏能力。

（五）总结方法，升华主题

（1）同学们，今天我们学的古诗在写作手法上有什么特点？（托物言志）

（2）总结方法：学古诗时，我们不仅要从字面上理解古诗表面的意思，还要结合作者生平与时代背景理解古诗隐含的意思。这种方法你学会了吗？

（3）诵记这三首古诗。

【设计意图】教师引导学生以"咏物"为题材进行统整和比较，有利于落实"咏物诗"的学法，培养学生对诗歌的鉴赏能力，推动学生的情感向细腻的方向发展。

点评

六年级学生已初步掌握了学习古诗的方法，基于前一首诗的学习，学生对咏物诗也有了一定的了解，这为学生自主阅读和学习古诗提供了可能。教师从诗歌的内容出发，运用"六模"教学中的通言、造境、品语策略，引导学生整体性理解诗意，感知描写对象"马"和"竹"的特征，并在此基础上适当拓展。此外，咏物诗承载了诗人的人生态度、人生理想和人生格局。所以本节课教师力图通过图片、景物等渲染造境，引导学生通过想象巧妙还原意象，揭晓古诗背后丰富的文化意象，真正落实了学语文就是学文化、学语文就是学做人。在学法上，教师主要通过激励引导学生以读促悟，让学生独立综合运用"六模"，循序渐进地发现古诗的文格与作者的人格。

（教学设计：苏州高新区通安中心小学校张敏吉；评析：郑先猛）

主要参考文献

［1］任运昌. 小学古诗文教学的意义、现状与优化策略［J］. 小学教学研究，2007（8）：11-12.

［2］杜威. 我的教育信条［M］. 杨小微，罗德红，编译. 上海：华东师范大学出版社，2015.

［3］周浩. 转换：古诗词教学的新思维、新策略［J］. 小学语文教师，2020（12）：9-11.

［4］李吉林. 学习科学与儿童情境学习：快乐、高效课堂的教学设计［J］. 小学语文教学，2019（16）：9-12.

［5］彭才华. 意象：诗词教学的入口：以《清平乐·村居》教学为例［J］. 语文教学通讯（小学）（C），2019（5）：47-49.

［6］薛法根，潘淑亚. "诗中的画"和"心中的诗"：《山居秋暝》教学实录及赏析［J］. 小学教学（语文版），2020（12）：23-26.

［7］陈德兵，黄小颂. 一节充盈着欢声笑语的古诗课：《宿新市徐公店》教学实录及点评［J］. 小学语文教学，2014（3）：33-36.

［8］陈德兵，杨雯雯. 就这样走进辛弃疾的"世外桃源"：《清平乐·村居》教学实录及评析［J］. 小学语文教学，2018（12）：39-43.

［9］罗佩钦. 吴乔《围炉诗话》研究［D］. 南昌：南昌大学，2012.

［10］孔令权. 读厚·读薄·读活：古诗文品读三部曲：王崧舟《墨梅》教学赏析［J］. 教学月刊·小学版（语文），2020（Z2）：46-48.

［11］李传文. 苏东坡文人画思想研究［M］. 北京：中国轻工业出版社，2017.

［12］李季华. 小学古诗"平仄诵读法"的魅力与陷阱［J］. 小学语文教学，2019（Z1）：20-21.

［13］陆早才. 统编本教材"古诗三首"的教材立意和教学建议［J］.

小学语文教学，2020（34）：49-51.

［14］语文建设编辑部.语文学习任务群的"是"与"非"：北京师范大学王宁教授访谈［J］.语文建设，2019（1）：4-7.

［15］黄厚江.文言文该怎样教？［J］.语文学习，2006（5）：14-16.

［16］徐雷健.朱熹读书法探究［J］.福建论坛（人文社会科学版），2007（S1）：73-74.

［17］鲍国潮.文学史视角：小学古诗词统整性教学设计策略［J］.小学教学设计（语文），2020（6）：57-59.

［18］王荣生.语文科课程论建构［D］.上海：华东师范大学，2003.

后　记

《六模：统编教材小学古诗文教学新范式》是江苏省教育科学"十三五"重点规划课题的研究成果，也是笔者和其研究团队近年来语文教学经验的凝练结晶，愿此书能给小学一线语文教师的古诗文教学提供些许借鉴。

"追风赶月莫停留，平芜尽处是春山。"我们都是语文教学的追梦人，本书的出版是对追梦光阴的回望。筑梦迎花开，感谢各位领导和专家的倾力支持，书香氤氲，心田温暖。

感谢上海师范大学张艳辉博士为本书整体建构提出的宝贵意见；感谢组块教学创始人薛法根校长对本书核心理念的高位引领；感谢苏州市教育科学研究院小学语文教研员许红琴老师对课题的关心与指导；感谢课题组所有伙伴——戴庆华、周雪芳、程子桐、王婧馨、张悦蓉、杜曦、宋佩坤、许惠芳、张敏吉、张月等，你们的一路同行，共学共研，为本书提供了丰富的实践课例。

感谢苏州大学出版社责任编辑刘海老师、美术编辑刘俊老师，是你们的用心编辑让本书得以美好呈现。

感谢所有为本书出版操心劳神的朋友们，一书一情缘，诗与远方在心里徜徉，也在书中飘香。

郑先猛　施燕璟
2024 年 10 月 15 日